coleção primeiros passos 216

Teixeira Coelho

O QUE É
AÇÃO CULTURAL
1ª Edição

editora brasiliense
São Paulo - 2012

Copyright © by José Coelho Neto, 1988
Nenhuma parte desta publicação pode ser gravada,
armazenada em sistemas eletrônicos, fotocopiada,
reproduzida por meios mecânicos ou outros quaisquer
sem autorização prévia do editor.

Primeira edição, 1989
5ª reimpressão, 2012

Diretora Editorial: *Maria Teresa B. de Lima*
Editor: *Max Welcman*
Produção Editorial: *Ione Franco*
Produção Gráfica: *Adriana F. B. Zerbinati*
Capa e ilustrações: *May Shuravel*
Revisão: *José W S. de Mames e Rosemary C. Machado*

Dados Internacionais de Catalogação na Publicação (CIP)
(Câmara Brasileira do Livro, SP, Brasil)

Coelho, Teixeira
    O que é ação cultural / Teixeira Coelho. -- São Paulo:
Brasiliense, 2012 — (Coleção Primeiros Passos, 216)

ISBN 978-85-1101216-3

1. Cultura I. Título. II. Série

06-0351   CDD-306

Índices para catálogo sistemático:
1. Ação cultural: Sociologia   306

editora brasiliense ltda
Rua Antonio de Barros, 1839 - Tatuapé
CEP 03401-001 — São Paulo — SP
www.editorabrasiliense.com.br

SUMÁRIO

I. Em nome do banquete sonhado. 7
II. Ação ou fabricação cultural. 12
III. Ação contra a barbárie. 18
IV. Cultura e educação: o jogo dos simulacros. 27
V. Ação cultural ou arte-ação. 31
VI. Tendências da ação cultural. 34
VII. Ampliações e simplificações da ação cultural. 43
VIII. Espontaneísmo ou dirigismo?. 50
IX. Agente cultural, profissão: aventura. 57
X. Sistema da ação cultural. 69
XI. Teatro, forma privilegiada da ação cultural. 82
XII. Apressar a muda da lagarta. 89
Indicações para leitura 91
Sobre o autor 93

EM NOME DO
BANQUETE SONHADO

Em 1945, nas páginas de um *Banquete* cultural que na vida de todo dia até hoje não aconteceu, Mário de Andrade dizia que se os artistas brasileiros "quisermos ser funcionalmente verdadeiros, e não nos tornarmos mumbavas inermes e bobos da corte (...) temos de adotar os princípios da arte-ação". Isso, explicava Mário, significava sacrificar "nossas liberdades, nossas veleidades e pretensõezinhas pessoais e colocar como cânone absoluto de nossa estética o princípio de utilidade. O PRINCÍPIO DE UTILIDADE". Toda arte brasileira que não se organizasse segundo o princípio da utilidade seria vã, pedante, diletante e idealista.

Nunca ficou suficientemente claro em que consistia aquele "princípio de utilidade". Mário esboçava-lhe algumas vagas linhas de conteúdo (não pretender ser perfeito e eterno, optar pelo nacional, criar à feição dos elementos que o Brasil fornece — temas sobre os quais não se parou de discutir, nestes últimos quarenta anos) e era apenas mais definido quanto aos efeitos que deveria produzir: promover a consciência da função histórica do brasileiro atual, colocar a arte a serviço da educação e da formação do público. Seja como for, falava de uma arte-ação que de algum modo seria — como outros já haviam defendido antes dele, claro — uma arte não preocupada apenas com os próprios projetos, com seu próprio mundo, e que se ofereceria como instrumento de mudança estética e social.

A expressão que ele propôs não vingou, o que foi uma pena, mas o desejo de fazer da arte e da cultura, instrumentos deliberados de mudança do homem e do mundo permaneceu — sob o novo rótulo de "ação cultural". Ao final da década seguinte, embora não no Brasil, começaria a febre dos "centros de cultura", já existentes sob formas variadas em alguns países, mas que entram então na moda depois da defesa que deles faz, na França, o escritor André Malraux. No Brasil — embora já se falasse do assunto nos tempos do próprio Mário e de Gustavo Capanema, ministro da Educação e Saúde de Getúlio Vargas até a queda do Estado Novo ditatorial em 1945 — só no final da década de 1970 é que se começam a construir centros de cultura, intensificando-se a discussão sobre seu instrumento privilegiado, a ação cultural. O tema demorou a chegar, mas quando chega alastra-se e se intensifica rapidamente. Todas as cidades e cidadezinhas brasileiras sonharam primeiro com uma biblioteca. Depois, com um teatro e, mais tarde, um cinema. Em seguida foi a vez dos museus — ainda que servissem apenas para guardar a foto da vovó e o sapato roto de algum poderoso de duvidosa reputação. Agora, chegou definitivamente a vez dos centros de cultura. E mesmo quando estes ainda não existem, ou a seu lado, desenvolvem-se programas de "culturalização" da cidade que conseguem sobreviver às administrações sucessivas de partidos políticos diferentes e enraizar-se nas comunidades visadas (como as dos bairros periféricos das metrópoles). A demanda pelo bem cultural aumenta, os governos se veem forçados a abrir um tópico em seus orçamentos para esse tipo de gasto (que hoje já reverte em votos, afinal) e o trabalho dos que têm de desenvolver esses programas abandona aos poucos o campo do empirismo e requer mais sistematização, maior aprofundamento, teorias e experimentação controladas.

Nesse quadro, a cultura aparentemente prolifera. Mas, o que se está fazendo exatamente, que cultura é essa que está sendo multiplicada? Na metrópole, quando os grupos no poder, sob a capa do Estado ou da iniciativa privada, abrem seus teatros e museus "ao povo", quase nunca pensam em criar as condições para esse povo chegar à criação, mas apenas em cultivar novos espectadores e admiradores, quer dizer, novos públicos, novos *consumidores*. E não é menos raro que a difusão cultural (melhor seria chamá-la por seu nome verdadeiro: propaganda cultural), materializada nas críticas e reportagens dos segundos cadernos "culturais", tenha por objetivo não confessado levar as pessoas a sentir o abismo que as separa dos "tesouros culturais" cujo segredo de acesso pertence, como na máfia, a um pequeno grupo de iniciados menos ou mais intelectualizados que borboleteiam em conluio com as figuras das colunas sociais sempre em trânsito entre restaurantes caros e pistas de aeroportos estrangeiros, na ânsia de ascenderem ao *status* que lhes falta, econômico para estes, cultural para aqueles.

E enquanto uns querem fazer da cultura um espetáculo, pago ou gratuito, outros começam a usá-la para tirar os jovens das ruas e da violência e oferecer-lhes uma alternativa para a TV. Ao mesmo tempo, um outro grupo, de boa-fé, por ignorância ou descuido, confunde cultura com educação e quer transformar o teatro, o cinema, a biblioteca ou o centro de cultura em substitutivos para um sistema educacional que, neste país, faliu por cumplicidade de quase todos e desejo de vários.

Nesse estado de confusão e de encenações políticas que oscilam entre a tragédia e a comédia, e que não é de hoje, a ação cultural, além de definir-se como área específica de trabalho, ensino e pesquisa, começou a constituir-se num conjunto de conhecimentos e técnicas com o objetivo de administrar o processo cultural — ou sua ausência, como é mais comum entre nós... — de modo a promover, digamos, uma distribuição mais equitativa da cultura, de suas apregoadas benesses. A ação cultural surge assim para responder à pergunta "O que fazer?" com a cultura e a arte hoje, neste tipo de sociedade a que chegamos.

AÇÃO OU FABRICAÇÃO CULTURAL

A análise dos dois conceitos recobertos pela expressão "ação cultural" produz por si só todo um programa de atuação.

"Ação" é um conceito cujo sentido fica mais claro quando confrontado com outro, "fabricação", de amplo trânsito não explicitado e não confessado. A *fabricação* é um processo com um início determinado, um fim previsto e etapas estipuladas que devem levar ao fim preestabelecido. A ação, de seu lado, é um processo com início claro e armado, mas sem fim especificado e, portanto, sem etapas ou estações intermediárias pelas quais se deva necessariamente passar — já que não há um ponto terminal ao qual se pretenda ou espere chegar. Na fabricação, o sujeito produz um objeto, assim como o marceneiro faz um pé torneado. Na ação, o agente gera um processo, não um objeto. O objeto pode até resultar de todo o processo, mas não se pensou nele quando se deu início ao processo, e nisso está toda a diferença.

O CPC, o Centro Popular de Cultura (que não era um, mas vários), da década de 1960, fazia, sem dizê-lo, fabricação tanto quanto o fazem as casas de cultura de Cuba, cujo regimento deixa claro que seu objetivo deve ser a divulgação e o desenvolvimento do marxismo-leninismo. É o que estabelece a Constituição cubana, ao dizer que sua política cultural baseia-se na "concepção científica do mundo, estabelecida e desenvolvida pelo marxismo-leninismo", e procura "promover a formação comunista das novas gerações e a preparação das crianças, dos jovens e dos adultos para a vida social". Existe um ponto de partida determinado (o marxismo-leninismo), um objetivo claro (divulgar e desenvolver essa ideologia através da preparação das gerações jovens) e uma série de procedimentos a serem seguidos (ou evitados) para que isso se consiga (o mesmo artigo da Constituição cubana que trata da educação e da cultura diz, por exemplo, ser livre a criação artística "sempre que seu conteúdo não seja contrário à Revolução", ressaltando que as "formas" de expressão em arte são livres...).

Citei o caso cubano porque é fácil localizar, nele, a fabricação: está tudo escrito e reconhecido no papel, não há o que ocultar. Mas nos países de regime diverso do adotado em Cuba a fabricação não é, quase nunca, menor. A diferença é que não se admite estar promovendo fabricações, procura-se disfarçá-las ideologicamente, apresentá-las sob as máscaras de seu contrário.

No Brasil, por exemplo, há muito tempo está em moda, em setores intelectualizados das camadas com assento direto ou indireto no poder, a ideologia do liberalismo. Mas o que se faz sob esse rótulo, na educação ou na política cultural, nada mais é do que a mesma fabricação, o mesmo processo de conduzir a prática para certo fim e não outro. Já sabemos, aliás, que, como brasileiros, membros da elite pensante ou não, participantes do poder ou não, somos todos mais ou menos autoritários e dirigistas, como têm demonstrado os cientistas sociais: a fabricação, portanto, deve estar por toda parte.

Ação ou fabricação cultural? Os bons modos, ou a utopia, mandam que se opte sempre pela ação. Neste caso, o agente apenas daria início a um processo cujo fim ele não prevê e não controla, numa prática cujas etapas também não lhe são muito claras no momento da partida. Nada de autoritarismo, nada de dirigismo, nada de paternalismos. Na anotação de Francis Jeanson, intérprete e biógrafo de Sartre, além de diretor de uma casa de cultura no interior da França nos anos 1960, um processo de ação cultural resume-se na criação ou organização das condições necessárias para que as pessoas inventem seus próprios fins e se tornem assim sujeitos — sujeitos da cultura, não seus objetos. Seria o ideal. Alguém poderia dizer: o ideal para um país desenvolvido como a França, não para uma terra precária como o Brasil. Pode ser. Mas a esse seria possível responder que, para se conseguir alguma coisa de durável em cultura, política e organização social, ou se aposta com firmeza na *ação*, quer dizer, na possibilidade de terem as pessoas condições para inventar seus próprios fins, ou se estará sempre criando situações artificiais que mais cedo ou mais tarde fazem ruir o edifício que se tentou erguer sobre elas, provocando-se mesmo o contrário do que se pretendia, o retrocesso histórico. Como aconteceu com o CPC. Sob este aspecto, a fabricação estaria sempre marcada por um sinal de nascença que não pode ocultar ou alterar: *fabricação* significa, como num de seus sentidos originais em latim, *engano, intriga, artifício, dolo*. O mundo da "ação cultural" está cheio disso. O da vida política também. Por qual optar, ação ou fabricação? A prudência manda dizer que só o momento histórico determinado pode dar a resposta — o momento histórico e sua ideologia. Aos olhos desta, o que eu faço é sempre "ação", quer dizer, a coisa correta, o certo, o justo; fabricação é a "do outro", assim como o que faço é ciência e o que faz o outro, ideologia. Essa história já é conhecida. Mas, se a prudência manda dizer isso, a mola que faz a cultura andar — e cujo passo é aquele que a ação cultural deve tentar acompanhar — exige que se aposte tudo na ação. O problema é que nem todos têm, o tempo todo, cacife para isso...

Da animação à ação

"Ação cultural" não foi sempre o termo usado. (E "fabricação" ninguém diz que faz.) Desde o início do século (e, na França, antes ainda), corrente era a ideia da "animação cultural".

É uma expressão inadequada, viciada, que revela desde logo sua ideologia: o agente cultural é, aqui, um animador, é dele que parte a ação — nessa terminologia teológica, é ele o criador. É ele o sujeito, o grande sujeito. Os outros são meros objetos nos quais, como na lenda clássica, ele sopra a alma, *anima*. Não apenas pelo sentido que carrega, como pelas práticas por ela recobertas durante longo tempo (práticas diversionistas, mais voltadas para o lazer — quer dizer, para o esquecimento do tempo e da vida, para o divertimento inócuo que deve rechear as horas mortas, mortas para o trabalho, para a produção economicamente rentável), deve ser uma expressão recusada, junto com todo seu arsenal de truques que nunca levaram a nada além da alienação e do conformismo tingido de "atividade cultural". O animador cultural era a alma da festa — a festa dele, animador, ou dos que o contratavam; inventava os fins e dizia às pessoas como chegar até eles. Era a alma boa, o dispensador. Hoje é literalmente uma alma do outro mundo. Os tempos da animação cultural se acabaram; opções foram feitas, máscaras caíram, a história se moveu, a escolha está entre ação e fabricação.

Uma opção difícil

Como é difícil optar pela ação, deixar que as pessoas inventem seus fins e o modo de chegar até eles! É preciso uma confiança no processo, uma disposição para pagar para ver, que não se tem todos os dias — que não temos todos os dias.

AÇÃO CONTRA A BARBÁRIE

O segundo conceito embutido na ação cultural é o de cultura. De que cultura trata a ação cultural? Um dos equívocos do bem-pensar contemporâneo que se pretende libertário tem sido a extensão dada à noção de cultura (tanto quanto ao que pode ser chamado de arte). Hoje, tudo é cultura. Nos anos mais pesados da recente ditadura, um canal de TV insistia em dizer que esporte é cultura. Na mesma época, as capas dos discos traziam gravadas a inscrição "Disco é cultura". Se fossem, não seria preciso afirmá-lo, a não ser por razões não culturais. Esses *slogans* eram reflexos distorcidos da tendência segundo a qual definir cultura configurava uma atitude autoritária, elitista, classificatória e, portanto, restritiva e que a essa concepção deveria ser oposta a uma outra regida pelo princípio de que cultura era aquilo que assim fosse visto. Nada mais proveitoso para o grande diluidor da vida contemporânea, o mercantilismo, e seus campeões, o *marketing*, o *merchandising* e a publicidade. Há pouco tempo, o Museu da Imagem e do Som de São Paulo promoveu uma Mostra do Cinema Cultural Paulista. O repórter da seção "cultural" de um dos grandes jornais da cidade indignou-se com o título: "Por que cinema *cultural*? Não é todo cinema *cultural*?". O repórter, com essa falsa indagação que traz em si sua própria resposta, colocava-se claramente na linha panculturalista e pretendia ignorar que o Museu, com sua mostra, traçava uma linha divisória entre os dois grandes tipos de cinema existentes, o cultural e o comercial, e indicava sua opção momentânea. Ignorar essa divisão básica é ignorar a composição atual dos interesses em conflito nesta sociedade. Mais que isso, é mostrar que se está atacado pelo mal básico destes tempos: a incapacidade de distinguir entre as coisas — antes de mais, de distinguir entre uma coisa e seu contrário. É a isso que se chama de crise de valores, na qual parecemos mergulhar mais e mais. A tônica é a impossibilidade de estabelecer valores diferenciados e, consequentemente, julgar, determinar critérios que permitam isolar uma coisa de outra. Incapacidade de julgar, quer dizer, de exercitar o juízo crítico, e, acima de tudo, *medo* de julgar. Numa reação precária às práticas dos tempos do autoritarismo (os da recente ditadura tanto quanto, na verdade, um período que avança por um longo passado), as pessoas se condicionaram para rejeitar a valoração e o juízo crítico e, por consequência, seu exercício. A publicidade foi o principal motor dessa indução. Tudo é indistinto, tudo vale a mesma coisa. Um anúncio publicitário na TV é "tão bom" quanto um filme de Glauber Rocha, a letra pueril de um *rock* babante é tão "genial" ou "chocante" quanto um poema de Oswald de Andrade.

Uma das heranças contraditórias dos movimentos contestadores do fim da década de 1960 foi o questionamento da noção de cultura. A cultura predominante na época, nas regiões onde a contestação originariamente explodiu — EUA e Europa —, foi vista como cristalizada e opressora de outras realidades. E eclodiu a palavra de ordem democratizante: tudo é cultura. As teses anarquistas, no entanto, já no início dos anos 1970 foram recuperadas pela direita mais radical e postas a serviço de seus objetivos diluidores. E tanto que hoje a questão não é discutir se novela é cultura ou não, mas, muito antes disso, conseguir distinguir entre cultura e seu oposto, a barbárie. Não deveria ser muito complicado saber o que é cultura. Cultura é o que move o indivíduo, o grupo, para longe da indiferença, da indistinção; é uma construção, que só pode proceder pela diferenciação. Seu oposto é a diluição. O que faz o cinema comercial, por exemplo — e com ele toda a não cultura — é promover a diluição. Para esse cinema, tudo se funde e se iguala. Tudo *deve* se misturar num magma indistinto, as coisas e as mentes, para que ele mesmo possa sobreviver e se multiplicar. Apenas se tudo for igualado, se não houver como distinguir entre uma coisa e outra, é que ele tem chance de aparecer e conseguir aquilo que é mola e alvo do comércio: a moeda, o dinheiro, este grande denominador comum, o máximo divisor comum, aquilo em que e pelo que tudo é igualado, a grande tábula rasa. Ao redor daquela mesma década de 1960 as mentes vanguardistas lançaram uma palavra de ataque contra o pensamento conformista predominante, marcado pelo horror ao inúmero, pelo medo do profuso. A advertência, capaz naquele momento de realmente produzir uma diferença e, portanto mover a roda cultural, foi rapidamente transformada, com a cumplicidade dos inocentes úteis de uma certa vanguarda de pacotilha, na prática da diluição. A diluição não deixa de ser uma ampliação. Mas enquanto o inúmero, para ser tal, se baseia na multiplicação da diferença, a diluição se propaga pela repetição do igual. A palavra de ordem, agora, é a massa informe.

A grande não cultura de hoje, com enorme *lobby* atuando para que todos pensem que é cultura — e, até, cultura contemporânea de ponta, vanguardista —, é a publicidade, que, fantasticamente, se quer apresentar como a poesia da pós-modernidade. Coveira da poesia ou poesia de impotentes, a publicidade, em especial como praticada no Brasil, é um insulto a qualquer ideia de cultura. No entanto, transforma-se mais e mais numa estética que o cinema e o teatro, e com eles todas as outras formas de cultura, procuram seguir. Como toda estética traz necessariamente consigo, na qualidade de sua causa e efeito, uma ética bem determinada, é fácil imaginar para onde leva a estética triunfante dessa incultura que é a publicidade.

E tantas outras coisas tidas como culturais não são bem o que parecem. Criar uma obra de arte, por exemplo, frequentemente será um ato de cultura. Como tal, necessária. Já *mostrar* uma obra de arte, ao contrário do que pretendem acreditar museus e galerias — e como insistiu o polemista Karl Kraus —, está longe de ser necessário, longe de ser sempre e em si um fato de cultura. Mostrar obras de arte tem, outra vez, mais a ver com comércio ou exibicionismo do que com cultura. Quem tem a arte em si, diz Kraus, não precisa do motivo exterior que é a exposição. Quem não a tem, só verá mesmo o motivo exterior. Ao primeiro, o artista importuna; ao segundo, ele se prostitui. Nos dois casos, deveria envergonhar-se. Platão concordaria com quase toda esta crítica. A observação de Kraus será um tanto exagerada. Mas os exageros servem para abrir caminho pelo matagal de ideias feitas em que nos movemos nesta e em tantas outras áreas — ainda mais nestes tempos, talvez breves, em que uma "Lei Sarney" vai "patrocinar cultura". Servem pelo menos, os exageros, para dizer que apenas mostrar obras de arte pode não servir para nada.

Há ainda o caso desse primo-irmão da publicidade, o *design*. No ano de 1988 foi lembrada a Escola de Ulm, por sua vez parente direta da Bauhaus e que, aberta em 1955, fechou, num lance de significativa coincidência, no mesmo ano da revolta jovem de 1968. Como a Bauhaus, a Escola de Ulm queria um mundo de objetos cuja beleza e utilidade lutassem contra o feio e o gratuito. Mas não entrava em pactos com uma prática estética por ela considerada decadente e egoísta. O novo estilo seria uma contra-arte, algo que promovesse a civilização no quadro do progresso. Mas a ideologia do *design*, em sua procura da linha perfeita do carro, ou da forma contemporânea de um abajur, de padrões refinados de bom gosto, logo se mostrou uma aliada e um motor da sociedade de consumo — ou da opulência, como se dizia naqueles tempos ingênuos pré-crise do petróleo. 1968 foi também o ano de Marcuse e da denúncia do conforto, da opulência, do funcionalismo e da razão técnica como sendo, todos eles, elementos de opressão e mistificação. O *design*, visto após a Segunda Guerra como forma avançada de uma nova cultura, foi denunciado em 1968 como violentador da cultura. Mas as massas e os intelectuais têm memória curta, tudo isso foi esquecido, e hoje o *design* parece uma coisa banal, uma coisa normal. Uma cultura, anota Valéry, frequentemente se preocupa com aquilo que lhe parece mortal (a censura, a falta de dinheiro) e deixa de lado o que lhe parece banal, não mortal — e é exatamente disto que acaba morrendo. O *design* sempre foi aquilo que continua sendo: um substitutivo cômodo para a arte e a cultura, que não precisa ser pensado, apenas comprado e estacionado num canto da sala ou num pedaço de rua. Duchamps fez com seus *ready-made* não apenas uma crítica da arte, mas uma crítica prévia e dilacerante do *design*. Muita gente fez que não percebeu. A diferença entre o *design* e a arte é toda aquela que existe entre o ter e o ser. Vinte anos depois, artistas e intelectuais, corroídos pela diluição publicitária, querem fazer crer que basta ter. É o banal predominando. Um banal mortal.

O conceito de cultura muda com o tempo, sem dúvida. Mas por trás de um exterior cambiável há um núcleo de invariantes. Matthew Arnold, poeta e ensaísta inglês vitoriano, identificava a cultura como "suavidade e luzes", que permitem ver as coisas como são, num processo dinâmico e não egoísta. E observava que esse era o mesmo ideal helênico de cultura. Próximos dessa fórmula estão os elementos da definição ideogramática que Ezra Pound deu da civilização: no Japão, convidados queimavam incenso, cheiravam um perfume, depois outro, depois uma mistura de perfumes, e o centro da experiência consistia em identificar os aromas e recitar poemas a eles relacionados, numa mescla de percepções e associações. Expressa em outras palavras, aparece novamente a mesma fórmula "suavidade e luzes". Não se vai hoje no Brasil queimar incensos, distinguir perfumes e recitar poemas pertinentes. Mas o ponto básico do ato de cultura não foi abolido: perceber e distinguir.

Desse núcleo de invariantes pode participar também o conceito de contracultura. Também ela filha da revolta de 1968, a contracultura quis fazer uma revolução *dentro* da cultura considerada neurótica (via Freud) e alienante (via Marx). A contracultura não quis acabar com a cultura para passar para o outro lado da fronteira, como pensaram os apressados que até hoje insistem no erro de interpretação. Num lance integrista (no mesmo sentido em que se fala de um islamismo integrista, ortodoxo), pretendeu purificar a cultura e perseguir os objetivos que ela sempre teve designados como seus nesta nossa história, desde as origens gregas. Quis sair do mundo das sombras e alcançar o universo da luz. À época, esta observação teria espantado muitos dos que militavam na contracultura, mas o fato é que seus objetivos estavam bem próximos da palavra de ordem daquele inglês vitoriano: o "paz e amor", cantado em tantas baladas *pop* e praticado, bem ou mal, nas utópicas comunidades *hippies* que procuravam uma "outra vida", é uma tradução perfeita e contemporânea para "suavidade e luzes".

Por mais que mude — e a questão é que seu núcleo básico tem permanecido inalterado — a cultura não pode transformar-se e identificar-se com seu oposto, a barbárie. A "cultura comercial", contradição nos próprios termos, faz o que pode para diluir as diferenças, promover a indistinção, evitar a construção, quer dizer, a poesia. Para que essa cultura decaída sobreviva é preciso que os valores sejam escamoteados, tornando inoperante a capacidade de valoração (de distinção) do sujeito, ao mesmo tempo em que se oculta a própria crise de valores em si. "Tudo é cultura", diz a palavra de ordem preferida dessa "cultura". Não, não é. Nos termos da expressão usada por Alfredo Bosi para descrever o quadro da cultura brasileira, "plural, sim; caótica, não". Vários processos podem pertencer à esfera da cultura; os tempos não são mais os da exclusão, a hora é a da relativização e da dialética. Mas isso não significa que seja válida uma interpretação canhestra do princípio pós-moderno do "tudo serve", Num sistema, o que é cultura está em constante interação, e em contínuo conflito, com aquilo que a nega. Distinguir entre uma coisa e outra é vital. Talvez não se precise pedir que a selvageria seja preservada a fim de que seu contrário tenha sentido. A barbárie continuará por si mesma. Basta que seu contrário não lhe seja assimilado, embora entrando com ele numa relação de transformação.

Barbárie não é necessariamente gritos e sangue jorrando. Pelo menos, não no começo. Outro nome para barbárie é indistinção. Quando uma época não consegue distinguir entre uma coisa e seu contrário, essa é uma época de barbárie. A ação cultural lida com a cultura, não com a barbárie. Por tudo isso, a ação cultural é também uma ação social ou não é. Uma ação sociocultural.

CULTURA E EDUCAÇÃO: O JOGO DOS SIMULACROS

Uma questão delicada, esta. Mas, há uma opção a ser feita, e o agente cultural não tem como evitá-la: a escolha entre ação cultural e ação educativa. Numa palavra, entre cultura e educação. Não deveria haver hesitação: ação cultural é uma coisa, ação educativa, outra (senão o rótulo seria um só) e a questão seria apenas saber qual se quer fazer. Mas, uma das ideias feitas entre as quais transitamos pretende que não existe oposição entre educação e cultura. Numa situação ideal, talvez não. No passado, a ação cultural foi apenas uma variante da "educação popular". Tal como a realidade é hoje, existe toda oposição em que se possa pensar. A diferença entre uma coisa e outra fica bem clara nas situações-limite.

A cultura, em suas manifestações radicais (como a arte), procura e viabiliza o êxtase, o sair para fora de si, sair do contexto em que se está para ver outra coisa, para ver melhor, para ver além, para enxergar sobre, acima, por cima, para ver por dentro. A educação, embora pudesse ser outra coisa, em sua situação extremada com sinal negativo tem funcionado como o exato oposto ao *ex-stase*, ao estar fora: ela é o *stase*, o estar, quer dizer, partir daqui para voltar aqui mesmo, permanecer, metaforicamente preparar-se para o que está, para o que existe, integrar-se ao que existe. São dois projetos de natureza e objetivos bem diversos que as utopias tentaram combinar, quase sempre desastradamente.

A incapacidade de distinguir entre processo cultural e processo educativo será a principal responsável pelo aparecimento de centros de cultura, em particular, ou de uma ação "cultural", em geral, que são na verdade meros substitutivos ou complementos de sistemas educacionais formais depauperados ou falidos. Optar pela educação é optar pelo mais fácil. E no lugar do espaço aberto à criação aparecem as palestras, os debates e, acima de tudo, os cursos — curso de teatro (ou oficina, como manda a terminologia moderna), curso de cinema, curso de xerox, curso de desenho. A cultura e a arte transformam-se em objetos de interpretação e divulgação, manipuladas por interpretadores e divulgadores, num processo que torna estas atividades e seus promotores mais importantes que a própria criação e seus agentes. O melhor resultado que se consegue com essa opção é fazer com que se reverencie a cultura quando, diversamente, o ponto central está em criar condições para que se entre em familiaridade com ela e se passe a amá-la, coisa bem diferente. Aquilo que seria complemento (a conferência, o ensino), na ação educativa torna-se o principal.

A opção pelo programa educativo só se justifica quando a escolha for pela fabricação cultural. O programa educativo está para a fabricação assim como o cultural propriamente dito está para a ação. Se a opção for pela fabricação, o recurso à educação é o único que pode viabilizar o projeto. Não há fabricação quando se criam as condições para que as pessoas tenham acesso ao êxtase. O processo extático é uma ação autêntica, parte-se de um ponto determinado, mas não há indícios sobre o ponto de chegada, nem das estações por onde se passará — mesmo porque as estações não são fixas, mas móveis, imprecisas, imateriais. Como eu disse, será possível objetar que essa distinção absoluta entre os dois processos só é nítida nas situações radicais e que entre um polo e outro predomina a nuance, a interpenetração dos perfis. É verdade. Mas não é menos verdade que, na prática, prevalece sempre a educação pura e simples. Radical neste país é a educação — e radical em seu contexto mais desgastado, em seu conceito mais baixo. A cultura, esta é sempre indecisa, imprecisa, incompleta, hesitante. Tal como são as coisas, o processo educacional é um simulacro do processo cultural. E neste país o processo educacional começa por ser um simulacro da educação.

Em recente coletânea de poemas, Haroldo de Campos recupera uma passagem de Marx que diz: "A educação dos cinco sentidos é trabalho de toda a história universal até agora". Se por educação se entender o processo formal que conhecemos aqui, não será difícil perceber por que estamos tão profundamente ancorados no caos — e seria o caso de lamentar todo o trabalho inútil da história universal. Para que a frase de Marx tenha sentido vivo, só se pode entendê-la como o faz o poeta Haroldo em sua prática: como um processo poético, quer dizer, um processo construtivo, um processo de criação, um processo cultural. A palavra educação para o poeta é uma metáfora — não deve ser entendida literalmente.

AÇÃO CULTURAL OU ARTE-AÇÃO

A educação pode ser uma modalidade da cultura, mas o universo desta será sempre mais amplo que o campo daquela, de modo que aceitar fazer da ação cultural uma ação educativa é conformar-se em ficar aquém do possível. A ação cultural não se contenta com limitações. Momentaneamente, optar pela ação educativa pode ser escolher a tática do caminho seguro. O problema é que o seguro *segura* e tolhe. De grão em grão, nem sempre a galinha enche o papo; quase sempre termina na barriga de alguém. Se ação cultural não é educação, o que é? Se fica difícil aceitar a proposta de Mário de Andrade para uma arte a serviço da educação, seria bem mais fácil reconhecer que arte-ação poderia ser uma expressão mais conveniente do que "ação cultural". Assim como nem tudo é cultura — salvo de um ponto de vista antropológico-acadêmico que não interessa aqui —, nem tudo é ação cultural. Ação política não é ação cultural. Alfabetização não é ação cultural necessariamente, mas ação educativa. Programas sanitaristas não são ação cultural em seu sentido próprio. A ação cultural tem sua fonte, seu campo e seus instrumentos na produção simbólica de um grupo. E entre as formas do imaginário que a constituem, as da arte — ao lado de práticas culturais leigas, mítico-religiosas, etc. — são privilegiadas, por mais que se diga o contrário. O trabalho com uma modalidade artística em particular pode até não ser do interesse de uma ação cultural específica. Mas, o que é vital à ação cultural é a operação com os princípios da prática em arte, fundados no pensamento divergente (identificado por Gaston Bachelard como o "princípio do diagrama poético", que consiste em aproveitar, para o processo, tudo que interessar, venha de onde vier, na hora em que for necessário, sem o recurso a justificativas claras e precisas) e no pensamento organizado, e movido pela possibilidade, pelo vir-a-ser. É esse tipo de pensamento e essa modalidade de prática, em parte privilegiada também pela ciência mais criativa, que permite o "movimento" de mentes e corpos tão privilegiado pela ação cultural. É esse na verdade o tipo de pensamento que altera os estados, transforma o estado em processo, questiona o que existe e o coloca em movimento na direção do não conhecido. A proposta, portanto, é usar o modo operativo da arte — livre, libertário, questionador, que carrega em si o espírito da utopia — para revitalizar laços comunitários corroídos e interiores individuais dilacerados por um cotidiano fragmentante. É possível que "arte-ação" seja uma expressão demasiadamente restritiva. Mas "ação cultural" é, de fato, excessivamente ampla. Entre duas inadequações, às quais se juntam outras, como arte-educação e animação cultural, eu adotaria a de Mário. O peso e a força de propostas estrangeiras vêm consolidando o termo "ação cultural", e é difícil revogar uma normalização como essa. É ela que prevalecerá, portanto. Toda vez que "ação cultural" aparecer neste texto, porém, ela deverá ser entendida como "arte-ação". É este o meu partido.

TENDÊNCIAS DA AÇÃO CULTURAL VI

É possível identificar, ao longo da história, três momentos distintos da ação cultural, cada um com objetivos próprios e determinados, e duas orientações que os caracterizaram.

No primeiro desses momentos não se pode falar a rigor em ação cultural, pelo menos como esta é aqui entendida. Esse foi o momento não da ação, do processo, mas daquilo que é contrário à ação: a instituição. Foi o tempo do museu, por exemplo. O tempo em que se armazenavam obras, com o propósito dominante de preservá-las e, assim, preservar os "bens culturais da humanidade". Alguns diriam que era a ação cultural possível à época. Dizer isso é atribuir uma dignidade imprópria à prática fundamentalmente egoísta e antissocial resultante da ideologia do patrimonialismo. Para este, o que existe e tem valor é um bem, e a função do bem é integrar-se a um patrimônio, formar um patrimônio. E o patrimônio é para ser preservado, retirado de circulação. O bem por excelência é o que tem valor econômico facilmente quantificável, mas também as pessoas podem ser identificadas como bens (o escravo ou a mulher não escrava) e, portanto integradas a um patrimônio e retiradas de circulação. A arte sempre pôde ser caracterizada como um bem e, portanto, patrimonializável. Hoje se diz que a noção de cultura predominante é essencialmente publicitária, o que faz com que sejam escolhidas e louvadas obras que se prestam à publicidade e que em seguida têm seu valor reduzido ao seu valor publicitário, por definição efêmero e substituível. Por referir-se a um processo fugaz e de diluição, este seria um conceito em parte contrário ao do patrimonialismo — será, no entanto, apenas a versão atualizada do patrimonialismo ou de suas vertentes. De todo modo, a obra de arte era vista (como continua sendo) como um bem — mesmo quando reconhecida, sobretudo pelas camadas dominantes "esclarecidas", como possuidora de um valor cultural. Esta não constitui em si, necessariamente, uma atitude cultural aberta ou progressista. Pelo contrário, seria possível ver nessa opção a evidência do espírito filisteu que se obstina em atribuir à obra de arte algum tipo de "valor" diverso daquele que possa ter enquanto experiência estética intransitiva, ainda que esse valor derive da possibilidade de uma "elevação do espírito". O uso da obra de arte como meio de educação ou de aperfeiçoamento pessoal seria assim um caso de filistinismo tanto quanto a tentativa de manipulá-la apenas como bem econômico — e aqui seria possível divergir dos objetivos para a arte estabelecidos por Mário de Andrade. A aceitação deste entendimento não é pacífica, mas não é o momento agora de entrar numa discussão detalhada do tema; interessa apenas indicar que uma instituição como o museu surge para preservar e cultuar um bem com dois valores nele reconhecidos na época como possíveis, o econômico e o "cultural-educacional", vistos como não necessariamente dissociados. O museu surge, assim, para preservar e cultuar a obra, a Arte, "patrimônio da humanidade"; através dele prestavam-se homenagens à Arte, o objetivo era afirmar e reafirmar o valor da Arte, havendo pouquíssima ou nenhuma preocupação com os usuários daquele espaço, nele admitidos apenas na medida em que se conformavam às regras do culto: silêncio, veneração e reconhecimento da Arte... e, com isso, veneração pelo mecenas que possibilitava o culto, fosse ele um particular, o Estado, a Igreja ou outra instituição. São os tempos da "ação cultural" voltada para o produto cultural, se é que isso tem sentido, e para seu possuidor.

Só num segundo momento — ainda no século XIX, mas de modo particular, ao redor e a partir da Segunda Guerra Mundial — é que se pode falar em ação cultural com mais propriedade: é quando as instituições culturais passam a preocupar-se mais com as pessoas que entram em contato com a cultura e a arte do que com o objeto cultural ou artístico em si. A atenção se desvia da obra para o homem, entendido como fazendo parte de um grupo ou de uma comunidade. A visão patrimonialista da cultura se enfraquece um pouco e abre espaço para o que se convencionou chamar de *abordagem social* da questão cultural.

E num terceiro momento, localizável no final da década de 1960 e, mais especificamente, após 1968 e sua carga de revolta jovem contra uma sociedade que ronronava precocemente nas delícias de uma suposta época da abundância e, também, contra uma parcela dessa mesma sociedade que se apegava a ideais sociais então vistos como carcomidos (os do marxismo-leninismo ou, em todo caso, os do comunismo soviético), se verá surgir uma preocupação que não é mais com a Arte nem com o coletivo, mas com o indivíduo. Os espaços culturais (terminologia que também deriva desse período e que é vista como opção preferível à ideia de centro ou casa de cultura, expressão carregada com ideias de convergência, dirigismo e paternalismo, cunhadas na década de 1950 e inaceitáveis para o espírito de liberação e de divergência da geração 1968 — embora "centro de cultura" tenha uma sólida ancoragem ideológica, como se verá adiante) procuram abrir zonas de desenvolvimento para o indivíduo e sua subjetividade. Esses espaços querem apresentar-se como local de cultivo e desenvolvimento de um indivíduo que se reconhece e se afirma enquanto tal, capaz de dispensar as muletas da massa informe, mas também do partido político aglutinante. A Inglaterra terá sido o lugar onde se perseguiu esse objetivo de maneira mais acentuada, embora com um sucesso irregular: é que não deixa de haver uma razoável contradição na ideia de abrir-se e organizar-se — o que implica a noção de coletivo — um espaço que será voltado para o desenvolvimento de indivíduos independentes. (De todo modo, sempre se poderia dizer que se tratava de um neoindividualismo; a história dificilmente se repete tal qual, o individualismo da *Belle Époque* ou de qualquer momento anterior não poderia reproduzir-se numa sociedade dita de massa, na qual a concepção de "estar sozinho" ou de independência não poderia ser a mesma.) Não há traço desse momento da história da ação cultural em países como o Brasil, o que se explica antes de mais nada por sua condição econômica.

Nesses três momentos é possível identificar duas tendências na orientação das modalidades de ação cultural praticadas. A primeira procurou valorizar a obra de arte em si, ou os produtos culturais de modo geral. Decorrência desta foi a ênfase dada ao tratamento e transmissão das linguagens formais estéticas que deveriam servir para o desenvolvimento de indivíduos plenos. A segunda tratou de valorizar a pedagogia de transformação de indivíduos isolados em grupos estruturados cujos membros compartilhassem um mesmo conjunto de valores, capazes por isso de reforçar os laços comunitários através da desalienação dos contatos humanos e, como consequência, levando-os a criar e desenvolver novos projetos sociais.

A primeira tendência, em versões distintas, mas convergentes, pode ser percebida tanto no segundo momento da história da ação cultural quanto no terceiro, tendo de algum modo orbitado ao redor do primeiro quando isso foi possível. A segunda é um traço específico do "momento social" da ação cultural, e é produto do desenvolvimento dos ideais comunitários de origem anglo-saxã e dos psicossociólogos norte-americanos. Seu primeiro grande momento é o período entre os anos 1950 e o fim da década de 1960. É essa a ideologia que orientou grande parte das casas de cultura na França e dos centros de arte na Inglaterra (onde a palavra cultura não se aplica a este tipo de prática e onde, a rigor, não se usa a expressão "ação cultural"). Mas é também a mesma que orienta a organização das casas de cultura de Cuba (embora aqui os objetivos políticos sejam outros), instaladas no mesmo período histórico.

Essa transmigração conceitual abre um leque de interpretações interessantes. A primeira delas, conhecendo-se os objetivos cubanos, é que esta segunda tendência parece mais apropriada à prática da fabricação, tanto numa versão radical (a da construção de um tipo específico de projeto social) quanto mitigada (usar a cultura para chegar-se a um projeto social, embora indeterminado — na realidade nunca tão indeterminado assim). A primeira tendência, na realidade, não é tão isenta assim da marca fabricacionista, mas a segunda sem dúvida se presta maleavelmente a essa operação.

Existe hoje, de fato, uma razoável concentração de opiniões ao redor do entendimento da ação cultural como instrumento de criação de um projeto social. Para os adeptos da linha de Durkheim, a ação cultural (embora não seja esta a terminologia por eles empregada) só tem sentido quando considerada como um conjunto de atividades que afeta todas as ordens, a cultural tanto quanto a social, a política e a econômica. É o que se chama de ação cultural global ou concertada. Uma perspectiva próxima desta é a de inspiração marxista, para a qual a ação cultural só cabe quando se trata de uma "ampliação" da consciência política visando desaliená-la — o que implica uma operação que será tanto cultural quanto propriamente política.

Resultantes desta abordagem são as concepções daqueles que entendem as instituições culturais que sobraram após a sacudidela cultural de 1968 como instrumentos de uma classe e de um estado que tenta se manter enquanto se transforma minimamente. Isto leva-os a ver, nelas, aparelhos ideológicos projetados para gerir a crise da cultura e produzir novas práticas conformes a essa lógica. Uma dessas "novas práticas" de gestão da crise cultural é a animação. A outra (embora a principal diferença entre esta e aquela seja apenas nominal) é a fabricação. Esta visão das coisas tem motivado um bom número de agentes culturais a pregar o abandono dessas instituições e a opção pela ação cultural na rua ou nos espaços ditos alternativos.

De um modo ou de outro, é pacífico que a ação cultural ou é uma operação sociocultural ou não existe. Mesmo assim, uma concepção mais radical de ação cultural, e acaso mais digna, é a que aposta na tese segundo a qual o objetivo da ação cultural não é construir um tipo determinado de sociedade, mas provocar as consciências para que se apossem de si mesmas e criem as condições para a totalização, no sentido dialético do termo, de um novo tipo de vida derivado do enfrentamento aberto das tensões e conflitos surgidos na prática social concreta. Este talvez seja o único meio de se chegar, se é que se chega, a uma construção estável, capaz de autoalimentar-se, firmada em bases reais e que não se desmorone tão facilmente quanto desabou o sonho chileno sob Allende ou a ilusão esquerdizante de Goulart ou, em menor escala, as fantasias cepecistas — todos estes demonstrando, com seus fracassos, que se apoiavam em operações fabricacionistas que, por serem tais, não escapam de uma fragilidade congênita ou da volubilidade de uma biruta que muda de direção aos primeiros sopros de outra aragem fabricada.

Mas, como disse antes, é difícil manter essa aposta. A precária consciência do que seja o outro e suas exigências, e a pressa histórica — ou a sensação de que, se não se agir rápido, perde-se o bonde da história — acaba forçando a adoção da fabricação cultural, de vida menos ou mais longa, mas de um destino aparentemente inevitável. A fabricação cubana durou o intervalo de uma geração. Para os que nasceram no ano da Revolução ou pouco depois, a fabricação original nada significa, e os conflitos culturais entre o sistema e o jovem cubano já são uma realidade. Vida ainda mais curta teve a fabricação da Revolução Cultural chinesa. Claro que alguém sempre pode dizer que é da dialética entre fabricações inevitavelmente perecíveis que se faz a nova história. Questão de opinião, sem dúvida, baseada em diferentes modos de avaliar-se o custo social da opção escolhida.

VII
AMPLIAÇÕES E SIMPLIFICAÇÕES DA AÇÃO CULTURAL

Mesmo em sua vertente individualizante, há um objetivo social que move a ação cultural, há a preocupação com o retorno ao coletivo daquilo que for possibilitado ao indivíduo — caso contrário, seria talvez mais coerente ficar com a ideologia dita liberal que afirma ser da esfera estritamente individual toda decisão de "melhorar o próprio nível cultural" ou permanecer inculto, se esta expressão tem algum sentido, não tendo a sociedade nada com isso. A exacerbação da preocupação social, porém, leva a situações onde a ação perde sua identidade própria. O despertar da consciência política é algo que cabe melhor no programa de atuação de um partido político propriamente dito. Transportar esse objetivo para a ação cultural pode prejudicar tanto o projeto político quanto o cultural, que devem entrar em conjunção, mas num processo de totalização a operar-se num nível diverso daquele estritamente cultural. Existe uma especificidade do processo cultural que não pode ser atendida pelos mecanismos da prática política, e uma das consequências disso é que o projeto cultural vai sempre e necessariamente além, muito além do projeto político, de modo que insistir na ação cultural quando se quer uma ação política pode ser um equívoco tão grande quanto tentar chegar ao cultural via política.

Se o âmbito da ação cultural não pode ser assim ampliado, limitá-la a certas atividades á igualmente alterar sua natureza. Nunca será demais alertar contra a tendência de fazer da ação cultural, por exemplo, um instrumento de lazer para o tempo livre. A preocupação com o lazer vem revestida das cores do humanitarismo: "é preciso ajudar as pessoas a matar o tempo com dignidade" — o que a rigor significa ajudá-las a se matarem sem espernear e sem sujar muito o ambiente. O que nem sempre se diz é que se procura dar-lhes formas de ocupação do tempo livre para que não venham a usar esse tempo contra a sociedade, movidas pelas energias liberadas pelo tédio, pelo amargor e pela frustração. Em mais de um país desenvolvido fica claro que o carregamento de dinheiro para a "cultura" começa a ser feito — *depois* de já terem sido construídos os grandes monumentos marmóreos e aveludados tipo Rockefeller Center, que servem à cultura de "primeira linha" e às classes mais favorecidas — na direção dos bairros pobres, onde a taxa de desemprego de uma população lide segunda classe, feita de negros ou imigrantes, começa a preocupar. O que se pretende é dar a essa população alguma coisa com que ocupar mãos e mentes vazias na esperança de que as mãos deixem de avançar sobre bolsos mais recheados ou vidas mais coloridas, e as mentes, de ter sonhos inconvenientes. A esse objetivo se soma um outro, pouco mais digno mas que acaba dando na mesma, e que consiste em preparar pessoas para um profissão através da cultura ou em recuperar socialmente (isto é, segundo as normas privilegiadas pela classe dominante) atividades marginais com algum aspecto estético ou cultural. Em Nova York, por exemplo, os grafiteiros são conhecidos como *bombers*, bombardeadores, bombardeiros. Historicamente, assim eram vistos e assim queriam ser vistos os grafiteiros, com seus atos de rebeldia, agressão e negação da ordem vigente. E é assim que continuam a ser vistos pelas pessoas comuns, mesmo quando as marcas por eles deixadas nas ruas se mostram diluídas, com matizes "artísticos" A "arte" que fazem danifica a propriedade pública e privada. Diante da exacerbação dos grafitos, um programa patrocinado pela administração da região Sul do Bronx, parte pobre da cidade, começou em 1987 a propor aos grafiteiros que se juntassem ao MAGIC, sigla de More American Graffiti in Control ("Mais Graffiti Americano sob Controle"). A sigla é poética, o nome por extenso nem tanto. Mas os grafiteiros estão aderindo. Os "artistas"

são convocados a assinar um contrato pelo qual concordam em não "desfigurar" (*sic*) propriedades públicas ou privadas em troca de receberem material artístico, lugar para trabalhar e agenciamento para o trabalho. Pretende-se que a comunidade passe a respeitar os artistas e que eles mesmos se deem mais respeito — em outras palavras, quer-se transformá-los em cidadãos úteis: menos desocupados poluindo as ruas e menos gastos para a seguridade social. Os primeiros 25 voluntários começaram a trabalhar em grupo. Os que se entregaram a um absenteísmo excessivo ou não deram mostras de adequada produtividade foram convidados pelo próprio grupo a cair fora. Catorze assinaram o contrato final e nove completaram seus projetos. Alguns foram chamados a pintar artisticamente portas de ferro de lojas comerciais. Outros viraram vitrinistas e quase todos pintaram quadros ou fizeram objetos diversos para serem vendidos entre 20 e 200 dólares em feiras periódicas.

Isso é ação cultural? Ou mera instrumentalização da cultura? Ou será que, como querem muitos, a cultura não pode ser pensada fora de um quadro de instrumentalização? De um modo ou de outro, é difícil deixar de entender uma coletividade que, pretendendo resolver os problemas que a afligem, trate de fazê-lo desse modo "artístico" ou "cultural", em vez de recorrer tradicionalmente à polícia ou à FEBEM. Por outro lado, nunca se poderá aceitar que a arte e a cultura sejam sempre assim "recuperadas" de maneira tão descarada. É imprescindível

entender que a arte é quase sempre feita *contra* alguma coisa — a rigor e ao final, contra a sociedade. E que isso deve ser não apenas tolerado como cultivado, do mesmo modo como um dia se pensou em proteger e cultivar os "pulmões verdes" do planeta que hoje mais parecem os pulmões pretos de um fumante. E não é aceitável, embora se entenda perfeitamente, que a arte e a cultura de negação sejam oferecidas como privilégio aos filhos das camadas abastadas que se alimentam dos grandes museus, óperas e teatros, enquanto o "povão" é levado, por uma "ação cultural", a transformar seus grafitos em decoração de oficina mecânica ou em artesanato fuleiro. Claro que alguém poderia indagar sobre o real efeito de negação mesmo dessa arte que os grandes museus e teatros acabam acolhendo em seus interiores principescos, mas esse é um outro problema. De imediato, o que interessa destacar é o tratamento diferenciado dado a uns e outros e que acaba sendo apresentado sob o mesmo rótulo de ação cultural. "Recuperação" social através da cultura não é bem ação cultural, como não o é o lazer. Lazer, o homem massificado já tem e muito na TV, no disco e até nas páginas "cultas" dos jornais, que concedem quase todo seu espaço aos *amuseurs*, os que divertem "a massa" com suas musiquetas em série, seus teatros padronizados, seus filmes de receituário. É um desperdício de dinheiro público, além de concorrência ilícita e inútil, porque burra, abrir um centro de cultura ou promover uma ação cultural para dar lazer aos que estão em seu tempo livre. É verdade que o homem de massa, como observou Hannah Arendt, não quer cultura, mas sim, entretenimento. Os que pensam em ação cultural e se entregam a ela, porém, admitam-no ou não, estão por princípio convencidos de que só lazer não basta e que alguma outra coisa deve ser oferecida. A ação cultural que se entrega ao lazer alienante ou à recuperação social do que é visto como estorvo ou estrago merece a crítica de Dumazedier segundo a qual está fazendo parte dos aparelhos ideológicos do Estado criados para gerir a crise da cultura e produzir práticas novas em conformidade com essa lógica. Será ingenuidade acreditar que a sociedade irá financiar práticas que a contestem e levem à sua modificação, mas será derrotismo acreditar ser impossível criar as condições para que essa sociedade se confronte dialeticamente, e com sua própria ajuda, com aquilo que a contesta. Foi o que se viu no Brasil submetido à ditadura de direita de 1964 e, no entanto ostentando uma cultura predominante de esquerda, inclusive nas universidades mantidas com verbas públicas. Ou é o que acontece na Inglaterra conservadora da Sra. Thatcher, cujo governo acaba financiando o que se opõe a ele, tanto quanto, em várias partes do mundo, inúmeras empresas privadas ou associações de classe patronais subvencionam aquilo que, a rigor, não deveria ser de seu interesse ideológico. Isso faz parte de um jogo, a esta altura, inevitável. O que não é inevitável é que os agentes culturais assim financiados se entreguem pacificamente aos procedimentos de reprodução da cultura azeda das escolas, meios de comunicação de massa, publicidade e academias e às tentativas constantes de fazer com que tudo se transforme imediatamente em dinheiro e lucro.

VIII
ESPONTANEÍSMO OU DIRIGISMO?

O agente cultural pós-1968 e, de modo especial no Brasil, pós-período mais tenebroso da ditadura de 1964 (meados dos anos 1970), sofre de uma angústia que hoje parece talvez metafísica: a ação cultural deve ser espontânea ou posso dirigi-la? Repetida a todo o momento, em cada congresso, encontro ou palestra, essa dúvida poderia começar por ter invertida a ordem de seus dois verbos: pode a ação cultural ser espontânea ou devo dirigi-la?

A questão central é, na verdade, outra e anterior a essa: por trás do próprio conceito de ação cultural está, não raro, a ideia de que cultura e arte são coisas tão sensacionais, tão *crème de la crème*, tão *nec plus ultra*, que todos viveriam necessariamente melhor se tivessem acesso a elas — de modo que, se não o têm, *deveriam* tê-lo. Se a primeira parte dessa proposição pode ser aceita, mesmo com restrições, resta provar o fundamento do segundo trecho: o de que todos devem ter acesso à cultura e à arte. Duvidar disso não é entrar em contradição com o que eu disse antes sobre a operação com a arte no terreno da refação de laços comunitários ou de mundos interiores. A questão está na diferença entre as ideias de "dever ter acesso à cultura" e "poder ter" esse acesso. O escamoteamento dessa distinção é o principal responsável pela sensação de mal-estar que provoca aquela dúvida inicial. Oscar Wilde escreveu algo do gênero: "A ignorância é uma flor natural que fenece se tocada". Embora ignorância não implique incultura, essa "tirada" vale para o problema que a ação cultural se coloca. Para os que acham que Wilde não é uma autoridade conveniente, basta procurar em outra parte. Não seria surpresa encontrar algo do gênero em autores, como Bernard Shaw, talvez, que, sem medo de romper as prisões do bem-pensar, construíram seu corpo de ideias em cima do que há de mais saudável em cultura: o ceticismo (para não dizer o cinismo). Os detentores da cultura e da arte acreditam estar de posse de um tesouro, e, quando condescendentes, querem partilhá-lo com o "resto" da sociedade. Seria estranho se fosse diferente. Mais que isso, seria contrário ao que é humano. Como consequência, vivemos um tempo em que um punhado de gente quer que os outros sejam felizes, quase à força, através da cultura e da arte. Embora em países como os Estados Unidos essa tendência não seja assim tão forte (no país que se orgulha de ter uma cultura de massa — melhor nome: lazer de massa —, cada um é livre para ser uma "flor natural" ou uma "flor de estufa", ninguém tem nada com isso), é o que vem ocorrendo em boa parte do mundo a partir do final da década de 1950, quando, com a Reconstrução pós-guerra adiantada, começou a aparecer um dinheiro extra para ser gasto com o supérfluo. Na França, as casas de cultura, quando surgiram, tinham um objetivo tríplice, ou tripartido, que revela claramente o intuito tipo *bom samaritano* que movia os animadores da ideia: democratizar o acesso à criação; armar os homens contra a exploração mercantil da criação; combater o nivelamento cultural e a dominação engendrada pela civilização do consumo. Reconhece-se que existe uma boa palavra e que essa boa palavra deve ser levada e repartida com os demais. Mas como em toda ação messiânica, ninguém perde muito tempo perguntando se o outro, o objeto da ação, quer receber o donativo que se lhe pretende fazer. Cada uma daquelas três palavras de ordem das casas de cultura francesas está armada em cima de um verbo de ação e da pressuposição de que a ação será exercida por uns sobre outros. E não se tratam de verbos quaisquer: dois manifestam explicitamente a ideia de luta e o terceiro — democratizar — implica quase necessariamente o mesmo conceito. Em outras palavras, há uma guerra a ser travada. Contra quem? Contra a parcela dos detentores da arte e da cultura que não querem partilhá-las com os despossuídos, e também, nessa ótica — ninguém se iluda —, contra aqueles mesmos que deverão receber a dádiva, mas não se mostram particularmente entusiasmados com a ideia. Este segundo inimigo surgiu ainda mais nítido por entre a fumaça do combate quando, como já disse, se começou a usar a arte e a cultura para recuperar socialmente atividades marginais ou pessoas marginais que incomodavam a sociedade ou, mais simplesmente, quando se pensou em usar arte e cultura para ampliar o mercado e a economia nacionais. É bom não esquecer que nos países desenvolvidos o setor terciário (dos serviços em geral) é tão ou mais importante que o primário e o secundário, e que entre as principais molas do terciário vêm surgindo exatamente as atividades culturais. Elas usam gente maciçamente, não máquinas, e isso é fantástico quando se trata de reduzir o desemprego: uma boa rede nacional de teatros pode gerar um produto maior que muito setor industrial, ainda mais se o país recebe ondas turísticas significativas. Isto não é suposição, existem levantamentos quantitativos precisos sobre o assunto. Mesmo, porém, nos primórdios da ação cultural na França, nos anos 1950, quando se falava simplesmente em "sensibilizar o público para a criação artística", partia-se do pressuposto de que havia aí um duro combate a ser travado com os próprios destinatários daquela ação resgatadora. O que significava que a ação cultural ou era dirigida ou não existiria. Da espontaneidade não se esperava nada.

Uma ação cultural espontânea só pode, talvez, ser esperada ou ter sucesso quando o que está em jogo é a cultura popular — ou, como esse termo já adquiriu outros sentidos, quando a questão é o folclore ou aquilo que os ingleses chamam, bucolicamente, de cultura... "bucólica". Mas, primeiro, nesse caso não se poderá falar propriamente em ação cultural, que por natureza só existe quando a comunidade não é mais capaz de administrar a concretização de seus próprios mitos ou desejos. E, em segundo lugar, quase ninguém mais reconhece nesse tipo de prática a modalidade mais apta a dar conta da variedade e complexidade da vida atual, o que leva à tentativa de fazer com que as coletividades "se sensibilizem" para outras formas culturais.

Em suma, se não o dirigismo, pelo menos a ideia de uma intervenção, de algo ou alguém de fora que vai acionar um processo no outro ou no grupo — processo que provavelmente não aconteceria sem aquele impulso exterior inicial —, parece inerente à ação cultural. E isso deveria ser assumido pelo agente cultural, sob pena de perder-se em especulações e dúvidas que, como disse, a esta altura soam metafísicas. Não se trata, claro, de pregar o intervencionismo descarado ou o paternalismo ou ainda a condução forçada dos súditos culturais para este ou aquele porto. Experiências fracassadas como a do CPC já demonstraram suficientemente que essa opção não tem futuro. Mas, seria hipocrisia negar que o processo, na ação cultural, está sendo acionado por alguém de fora que vai "gerar uma espontaneidade" de outro modo inviável. O agente cultural, claro, não será mais aquele espontaneísta desse mesmo CPC que achava suficientes sua boa vontade e suas intenções políticas justas para habilitá-lo a seu trabalho cultural. O agente cultural será um profissional capaz de entender os mecanismos da atuação em grupo que possibilitem a esse grupo o exercício da criatividade (ao invés de castrá-lo para isso, como ocorre com frequência) e capaz de conhecer a natureza e possibilidades das linguagens e equipamentos culturais de que se servirá — e que por isso mesmo terá condições de equacionar sua própria presença e intervenção no grupo, ou junto ao indivíduo, de modo a não perturbar exageradamente a natureza (para não dizer a "autenticidade") do processo. Não pode, porém, deixar de reconhecer a função muito especial que exerce.

Aquela dúvida comum está, assim, duplamente mal formulada. Primeiro, não é o caso de perguntar se o agente cultural pode dirigir o processo, mas partir do princípio de que é sua responsabilidade fazê-lo — uma vez que aqueles com os quais atuará tenham decidido fazê-lo, e não simplesmente terem sido conduzidos a tanto. O direito à cultura e à ação cultural exige ser entendido em seu sentido próprio, isto é, o direito de ter ou de não ter essa cultura e essa ação cultural. Segundo, não se trata de dirigir o processo (seria preciso desconfiar desse medo de dirigi-lo que ocultaria, freudianamente, o desejo de fazê-lo, comum nessa área), mas de criar as condições para que as pessoas se dirijam. Trata-se apenas de dar a partida. Isso por si só não torna a tarefa mais cômoda, mas talvez elimine desnecessários sentimentos de culpa.

Isto resolvido, resta enfrentar o outro problema: a cultura e a arte que a ação cultural costuma privilegiar são mesmo tão boas e indispensáveis assim a ponto de legitimar todo esse processo quase messiânico? Como disse antes, já se admite hoje que o produto cultural ou artístico em si mesmo não é o que interessa, mas sim os componentes do processo cultural-artístico, os elementos do pensamento e do corpo que se entregam a uma prática cultural ou artística. O que interessa destacar e estimular é essa modalidade de organização do mundo como elemento de oposição e refação da vida contemporânea. Na verdade, não é absurda a hipótese de que modalidades do pensamento e da representação, senão místicos, pelo menos míticos ou mito-poéticos, sejam semelhantes, em estrutura e efeito, às do pensamento e da simbolização artísticos, formas privilegiadas da cultura que interessa à ação cultural. Desse modo, haveria outras coisas a promover, tanto quanto a arte. Em todo caso, é inquestionável que a ação cultural é a filha contemporânea de um pensamento utopista tão velho quanto a própria humanidade, pelo menos nesta versão em que a conhecemos, e que mesmo nestes tempos em que a utopia parece sepultada, depois de "recuperada" pelo sistema, por todos os sistemas, a arte ainda é considerada como a fronteira final contra a barbárie. Seria desumano contestar esse dogma.

AGENTE CULTURAL, PROFISSÃO: AVENTURA

Boa parte dos sentimentos de culpa que envolvem o agente cultural diante da questão "dirigismo x espontaneísmo" deriva da natureza mesma da profissão. O que vem a ser um agente cultural, o que faz exatamente? No Brasil, em particular, as pessoas insistem em dizer que não sabem o que seja o agente cultural. Costuma-se repelir as classificações (isto é cultura, aquilo não é, isto é modernismo, e aquilo, pós-modernismo) por "redutoras" e "simplistas". Mas, quando se tem pela frente algo que não está ainda bem definido ou, melhor, que é por natureza cambiante e móvel, a verdadeira insegurança e, mais que isso, o medo pânico aparecem com toda a força. A UNESCO tem, se não uma definição, pelo menos uma descrição para a figura do agente cultural. Diz o braço cultural da ONU (um "braço cultural" será um organismo estranho, porém ainda mais bizarro seria, acaso, falar da ONU como um corpo com cabeça...) que o agente cultural representa "uma profissão muito peculiar"... É alguém que "se interessa pelas artes, mas não se envolve diretamente com elas e, sim, com sua administração. Não é alguém que *cria*, ele mesmo: apenas prepara o terreno para outros criarem. É um pilar submerso da ponte". E continua, dizendo que a ação cultural é área necessitada de bons administradores — só que os administradores tendem a ter um tipo de mente que se inclina não raro mais para a estreiteza do que para a originalidade. De outro lado, aqueles que têm uma "aguda consciência dos valores culturais" — o que, no dizer elíptico do órgão internacional, pode indicar um artista, por exemplo — tendem a revelar-se administradores impacientes, isto é, precários, desorganizados, desadministrados. Recorre-se então ao agente cultural que, supostamente, será um pouco dos dois. *In medio virtus*, novamente?

A rigor, a UNESCO não está definindo o agente cultural, mas aquilo que na realidade inglesa recebe o nome de *arts administrator*. Não é uma questão apenas de palavras: o *arts administrator* não é um agente cultural como o entendemos. A sociedade inglesa não está propriamente preocupada com democratizar o acesso à criação, ou armar os homens contra a exploração pela cultura, ou combater o nivelamento cultural, ou sensibilizar as pessoas para a arte, como os franceses. Pragmaticamente, querem um bom administrador capaz de fazer a coisa funcionar sem grandes prejuízos ou, mais recentemente, com algum lucro. Quando um *arts center* recebe subvenção de órgãos públicos, espera-se que ao final do exercício o balanço esteja equilibrado ou superavitário. O particular concessionário de um *arts center* (lá essa figura é viável) pode perder a concessão, ou o diretor designado para o centro pelo próprio governo pode ser destituído, se os prejuízos forem sensíveis — ou, em todo caso, quando os prejuízos puderem ser usados para encobrir uma medida política. Por outro lado, o concessionário de um *arts center* vive disso, não pode ter prejuízo. Assim, as instituições formam, para os centros de cultura, nem artistas, nem sociólogos, nem educadores, mas administradores. Um currículo médio terá economia, *marketing*, administração, normas legais relativas às diversões públicas, técnicas de gerenciamento e publicidade, contabilidade e relações públicas e bem pouco ou nada de arte, psicologia e sociologia. É uma outra visão do que seja essa função, como é outro o entendimento do que venha a ser um centro de cultura ou o que chamamos de ação cultural, expressão à qual preferem, invariavelmente, a sua *arts administration*. Na realidade, o profissional assim formado nem sempre, ou quase nunca, preenche as funções que se espera dele, e não é raro encontrar-se um centro cultural com dois diretores, um administrativo e outro dito artístico.

A convivência entre estes, nem por isso, é sempre pacífica.

Tampouco nos EUA têm curso as expressões "ação cultural" e "agente cultural". O *arts administrator* é mais conhecido, mas sua função, na versão americana, recebe o nome genérico de *art educator*, assim como os programas de um museu, por exemplo, que chamaríamos "de ação cultural", são conhecidos pelo nome de *education programs*. Mais uma vez, não é uma questão de palavras: cada nome ou signo de uma língua remete a uma realidade específica diversa de outra designada por outro nome e signo da mesma língua ou de língua diversa. Nos EUA a questão não é promover uma ação, que por definição não se sabe onde irá parar, nem propriamente administrar, mas simplesmente *educar*, com todas as consequências desse termo bem preciso. Nem sempre é agradável ver o que esse rótulo recobre na prática. Nos museus, o que se tem frequentemente são aulas ambulantes de história da arte que às vezes não passam de história das fofocas da arte: com quem o artista estava transando quando pintou este quadro, em que estava pensando quando armou este móbile, etc. etc., segundo a maré dos conhecimentos, ou falta de, do "voluntário", presença constante nas instituições culturais americanas e representado tipicamente pela senhora de meia-idade com as tardes vazias, ou pelo estudante benévolo à cata de experiência.

O modelo que se tenta pôr em prática no Brasil é, mais uma vez, o francês. Não se trata de imitação servil: tudo somado, é o que melhor parece se adaptar à nossa realidadel como à de Cuba ou do México. Na França, as expressões "ação cultural" e "agente cultural" têm livre curso e, para alguns, um sentido próprio (próximo do que defendo aqui) diverso do contido em "animação" e "animador" ainda usuais. Os nomes não são ingênuos e têm uma razoável capacidade de influir sobre o "real" de modo que se eu usar "arte-educação" acabarei fazendo "educação artística" ou "pela arte" e se adotar "administração da arte" acabarei fazendo apenas isso. Não tenho grandes simpatias pela educação em arte, para a arte ou pela arte. Educação tende a ser prática obsoleta na contemporaneidade. Que o digam nossas escolas e universidades, estas em particular. Tenta-se reformar as universidades, essas "coisas" que deveriam fazer convergir para um centro a soma dos conhecimentos existentes. Propósito acaso inútil. Hoje só parece haver lugar para o que está aquém da educação — o ensino — e o que se coloca além dela, a arte e a cultura. E para a ação cultural, pelo menos como etapa. O que se faz frequentemente com os *education programs* é ensino de arte e através da arte, não é educação nem arte ou cultura. Claro, sempre se pode dizer que cada país tem a instituição que lhe é pertinente, e que os EUA fazem *art education* porque lhes é conveniente| assim como é bom para os ingleses a *art administration* e, para nós, a ação cultural, que atenderia melhor às necessidades de um país atolado num subdesenvolvimento crônico infenso à educação e à administração. Não me interessa, portanto, criticar os outros pelas modalidades que escolheram;

apenas, defendo esta terminologia específica, "ação cultural" e "agente cultural", por recobrirem atividades que para nós têm sentido. Por outro lado, ninguém pode dizer em sã consciência que um educador e um administrador são nocivos ou dispensáveis no processo de uma ação cultural. Mas é que a consciência sadia nem sempre tem lugar na cultura e na arte, onde não tem nenhum sentido — exceto o acadêmico, que não me interessa — ficar tentando sínteses mediadoras e dizer que tanto uma coisa quanto outra cabem aqui ou que todas são igualmente importantes no processo. A opção clara por uma das alternativas é o que melhor atende, tática e estrategicamente, ao quadro do momento. E, para mim, nesse quadro o administrador e o educador são secundários. A opção é política e não técnica.

Mas tudo isso ainda não esgota o tema. O que faz um agente cultural? "Ele mesmo não cria, cria oportunidades para os outros". Este talvez seja o primeiro grande desafio e a primeira grande decepção para o agente cultural brasileiro: reconhecer que na ação cultural seu objetivo não é criar diretamente, mas apenas criar as condições para que outros o façam. Daqui vem parte daquela sensação de culpa: se vir a si mesmo como um artista, um criador, tenderá a dirigir os outros; se, pelo contrário, nada fizer, tenderá a achar que deveria fazer. E coloca-se num impasse. Tanto maior quanto um número razoável de aspirações artísticas frustradas se encaminha para a ação cultural. Isto não significa que um artista não possa ser um agente cultural, eventualmente e na dependência de qualidades bem pessoais que não se repetem com frequência. Significa que a natureza, o objetivo e o móvel do artista nada têm em comum com os do agente cultural e que, para fazer bem a ação cultural, parece difícil deixar de sacrificar a prática artística, tanto quanto entregar-se a esta não abre espaço para a outra. Entender a distância ambígua que separa o agente cultural do produtor cultural propriamente dito é reconhecer os limites que separam a arte da ação cultural. Não será absurdo imaginar, ou esperar, que no infinito as paralelas convirjam. No universo confinado do dia a dia humano, porém, arte e ação cultural correm em vias próprias, ainda que a metáfora mais adequada para desenhá-las não seja a das paralelas, mas o de uma assíntota meio marota que se aproxima infinita e indefinidamente de uma linha de referência sem jamais tocá-la ou com ela se confundir. A linha reta de referência será a arte, e a curva assintótica, a ação cultural.

Não é por não fazer arte que o agente cultural ficará sem ocupação. Ele está no centro de um cruzamento ligando diversas figuras normalmente afastadas umas das outras: a arte, o artista, a coletividade, o indivíduo e os recursos econômicos (ou fontes financiadoras, como o Estado ou a iniciativa privada, que não produzem a cultura diretamente, mas detêm o poder de torná-la realidade), Isto significa que através do agente cultural a arte se porá em contato com o indivíduo ou a comunidade tanto quanto o artista penetrará na comunidade (e o inverso, de modo particular) assim como a comunidade alcançará os recursos necessários para uma certa prática cultural.

Há outra leitura desse esquema, feita a partir da pergunta "a quem e/ou a que serve o agente cultural?". Ele serve ao indivíduo, sensibilizando-o para a criação e dando-lhe as armas para repelir a dominação cultural (quando o objetivo dele e desse indivíduo é apenas criar as condições para um desenvolvimento genérico da individualidade) ou abrindo-lhe as possibilidades para tornar-se um artista ele mesmo, objetivo extremado da ação cultural, mas não impertinente. Ou ele serve ao coletivo, quer esse coletivo seja entendido como "comunidade", como na França e em Cuba, quer se veja nele a simples "audiência", como no universo anglo-saxão dominado pela ideia da administração e de um público ao qual se oferece um serviço a que de outro modo não teria acesso, e pelo qual se paga como por qualquer outro tipo de serviço. E serve o agente cultural, ainda, ao artista, não apenas criando-lhe um público, mas ocasionalmente dando-lhe condições de aproximar-se de uma comunidade, entender-lhe as aspirações e criar em consequência, permitindo que o artista se abra um espaço nessa coletividade — se esse for o objetivo do artista. E serve à própria arte, ou cultura, criando, por tudo isso, condições para sua revitalização e atualização. No limite, o agente serve ainda ao próprio dinheiro que vai buscar para materializar seus projetos, diretamente (gerando condições de retorno lucrativo do capital empregado numa produção) ou indiretamente (levando as empresas privadas, um mecenas ou o governo a lucrarem simbolicamente com a associação de suas imagens às da arte patrocinada).

A esta altura é impossível deixar de ver que o retrato do agente cultural está mostrando ser ele não um, mas vários. A não ser que se trate de uma situação em escala reduzida (uma pequena cidade, uma associação fechada e sem muitos recursos ou ambições), o agente cultural é uma equipe, e a ação cultural, uma atividade interdisciplinar. Isto é o que dará à ação cultural sua marca própria. Mas é preciso que se trate de uma real interdisciplinaridade, e não daquele seu simulacro que consiste em pôr coisas diferentes, como as disciplinas de um currículo universitário, umas ao lado das outras e esperar que, por uma alquimia misteriosa, a fusão universal da diversidade se dê na cabeça dos destinatários. Para que ocorra em sua eficácia, a interdisciplinaridade requer não apenas especialistas nas diversas áreas envolvidas (e nunca será demais ressaltar o papel que a *competência* representa aqui), mas, acima de tudo, um *projeto* que coordene as atividades, para o qual convirjam as ações e que tenha sido elaborado para ser posto efetivamente em prática. Sem projeto não há interdisciplinaridade. Sem projeto não há ação cultural.

Nesse momento, aparentemente, a ideia inicial de um profissional que concentra em si várias qualidades foi destruída, já que o trabalho seria de uma equipe de técnicos. Mas o problema é que, se estes forem realmente técnicos, necessitarão para coordená-los de alguém com aquela "aguda consciência dos valores culturais", quer dizer, de uma mente multifacetada, inquieta e com tendência para a totalização. Seria possível pensar que o agente cultural visto como uma *multidão em si mesmo* ocuparia o papel do líder, do diretor, do condutor, enquanto os técnicos seriam seus colaboradores operacionais. Estes mesmos, porém, deveriam, ao lado de uma técnica particular que dominam, ser dotados das mesmas qualidades abrangentes do "líder". Não há aqui uma contradição, mas uma situação de dialética: a ação cultural se dá na tensão entre a especialização num domínio e a visão abrangente. Encontrar o ponto de equilíbrio é não raro angustiante, mas não há alternativa. O agente cultural é uma espécie de homem da Renascença revisitado. O Iluminismo trouxe sua revolução que foi a especialização, a separação dos ramos do conhecimento, a divisão do trabalho, o desmembramento em vários pedaços daquilo que antes fora um corpo só (teologia, estética, ética, ciência). As instituições culturais se especializaram: antes, a casa do príncipe abrigava o museu, a biblioteca e o teatro; depois, cada um abriu seu próprio negócio. O passar do tempo se encarregou de exacerbar essa tendência até a caricatura e até que a dinâmica cultural da sociedade viu-se convocada por si mesma a pensar novamente numa convergência — surgindo a ideia do CENTRO de cultura, denominação nada fortuita, ditada pelo inconsciente da cultura, cheia de sentido e que contém este chamamento à síntese em oposição a

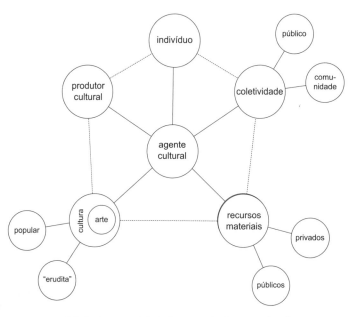

*A linha interrompida indica a utopia da ação cultural:
as esferas ligando-se diretamente...*

uma análise que se tornou cada vez mais fragmentada, fragmentante e alienante. E esse centro vai convocar aquele mesmo homem da Renascença inscrito no círculo por Da Vinci — ou, como aparece às vezes, inscrito no quadrado que está inscrito no círculo e que metaforiza a sempre perseguida quadratura do círculo. Claro, nosso homem pós-iluminista não é o mesmo homem renascentista, e aquilo que foi viável no século XVI — algumas mentes excepcionais totalizarem a soma dos conhecimentos possíveis se não em todas as áreas pelo menos em três ou quatro delas — é hoje uma redonda impossibilidade ou quadratura, a ser resolvida talvez apenas com o conceito de trabalho em equipe. Difícil. Mas a humanidade talvez seja como Valéry: só o difícil a atrai. Dizer que a humanidade coloca-se apenas os problemas que pode resolver parece hoje, no fim deste século, uma ingenuidade positivista da qual o próprio pensamento marxista não esteve isento. Melhor seria dizer que a humanidade só se coloca problemas que aspira a resolver. É seu Projeto. É sua Ação. Resolver o problema da Ação Cultural e do homem certo para ela é a ação cultural que a humanidade está se pondo hoje: tem um ponto de partida definido pela necessidade de uma reação ao estado de coisas, mas não tem nem um ponto de chegada nem conhece as passagens intermediárias que conduzem até lá. Se conduzem...

Tudo isto serve pelo menos para que continuemos dando lições de humildade a nosso complexo de onipotência: as coisas não são simples e a cultura, sobretudo, é uma coisa muito complicada. Sem complexidade, não há cultura. Com a ação cultural não é diferente. Melhor desistir? Não. Basta conter a impaciência e não pedir receitas prontas, de que a educação e a administração estão abarrotadas até o teto — num celeiro mofado.

SISTEMA DA AÇÃO CULTURAL

Associada ou não à ideia de ação cultural, uma das coisas que mais se ouvem neste país é "democratização da cultura". A expressão, na maioria esmagadora das vezes, não tem qualquer sentido substantivo, é mera figura de retórica. Há duas coisas que não se sabe quando se recorre a elas: 1. *o que* vai ser democratizado; 2. o que é *democratizar*. Os chavões que aparecem nesses momentos — "levar cultura ao povo", "levar o povo à cultura" — não fazem a discussão progredir um centímetro. Mandar o Teatro Municipal abrir suas portas aos domingos pela manhã para que o povo ouça música de graça é visto como democratização — embora as pessoas evitem perguntar-se desde coisas prosaicas como "por que os músicos estão em mangas de camisa, sem gravata?", até outras que não o são tanto e dizem respeito à qualidade dos programas (ditos "ao alcance do povo") ou dos músicos. Oferecer ingressos de teatro com desconto no fim do ano também é apresentado como iniciativa de democratização ou, como às vezes se diz, "popularização da cultura". Será? Ainda que algumas dessas coisas possam ser aquilo que pretendem ser, não há como duvidar de que o conjunto dessas medidas isoladas não constitui uma *política cultural*, definida em termos gerais, e muito menos uma *política de ação cultural*. Para que isto aconteça é imperioso que os fenômenos culturais sejam vistos formando aquilo que são: um todo cujos componentes mantêm relações determinadas entre si, e sujeitos, por princípio mas não inelutavelmente, à lógica geral da sociedade onde se localizam. A democratização cultural só poderá se dar, na medida em que for possível e colocando-se ou não essa expressão entre aspas, quando todas as partes desse todo, e suas relações, forem igualmente tocadas pelas iniciativas pertinentes.

No tipo de organização social que temos, a dinâmica cultural pode ser entendida e descrita nos lermos do modelo de todo sistema de produção do qual o sistema de produção cultural é variante. Esse sistema apresenta as quatro clássicas fases: 1. a produção propriamente dita do bem cultural; 2. sua distribuição aos pontos onde pode vir a entrar em contato com seu eventual destinatário; 3. a troca do bem (em nosso regime, sua troca por dinheiro), que o coloca em contato direto com seu virtual usuário, (adquirente ou consumidor);

4. a fase última, a do consumo ou uso efetivo desse bem. São esses os setores em que pode intervir a ação cultural — que se transformará numa política de ação cultural quando disser respeito a todos eles coordenadamente e de modo a totalizá-los numa entidade ou, melhor, num processo que então receberá o nome adequado de *cultura* do grupo ou país sob sua influência.

Há no Brasil, num mesmo momento histórico ou em momentos diferentes, exemplos do que de algum modo se pode chamar de ação cultural — mesmo quando essa expressão não era corrente —, relativos a uma ou algumas dessas fases; mas vê-las todas abordadas simultaneamente é algo bem mais raro. Ou inexistente. Por outro lado, a ativação de uma determinada fase pela ação cultural tem sido feita quando seus destinatários pertencem a uma determinada camada, setor ou classe da sociedade e não quando pertencem a outra. O Teatro do SESI, por exemplo, sempre procurou resolver os problemas ligados a duas dessas fases: a distribuição do bem cultural e sua troca. Para fazê-lo, o SESI mantinha, como mantém, uma equipe teatral, alugava ou arrendava uma sala (enquanto não construiu sua própria) e chamava seu público através das "filipetas" que podiam ser trocadas gratuitamente pela entrada para o espetáculo. O problema do acesso *econômico* de um certo tipo de público, aquele de menor poder aquisitivo, a um certo tipo de bem cultural, o teatro, ficava resolvido. Mas não é possível dizer que o SESI atacasse e resolvesse os problemas das outras duas fases, a do consumo do bem cultural e a de sua produção. Não havia ação cultural relativa ao uso ou consumo do bem porque nada se fazia para assegurar ou permitir que o público daquelas montagens tivesse acesso ao significado estético, técnico, político, social ou existencial do que lhe era mostrado, de modo a, em seguida àquela, poder avançar por si no caminho aberto e entender o conjunto cultural em suas variadas dimensões cronológicas ou espaciais. Para existir, um bem cultural tem de ser produzido. Mas isso não basta, como sabem os autores de livros e os grupos musicais que prensam seus discos "alternativos": é preciso que esse bem chegue a seu usuário ou consumidor, e isto requer um mecanismo de distribuição que leve o produto aos diversos pontos onde aquele usuário ou o inevitável intermediário se localiza. Tendo-se garantido a produção e a distribuição, ainda não se garantiu quase nada: aquele usuário deve poder apossar-se fisicamente do produto cultural, para o que em nossa sociedade precisará de dinheiro (troca). E isto resolvido, seja porque o usuário tem dinheiro, seja porque se encontre alguma forma substitutiva (doação, subsídio, financiamento), para que o processo cultural se complete é preciso que o usuário realmente *use* o bem, integre-o em si, penetre nele. Não basta escrever e imprimir um livro e depois distribuí-lo para as livrarias e vê-lo comprado ou dado a alguém: para que exista realmente a dinâmica cultural, para que aquele livro de fato exista, seu destinatário final deve lê-lo e, tendo-o lido, deve apreendê-lo em sua forma, seu conteúdo, sua matéria. Esta última etapa não era abordada pelo teatro do SESI. Claro, a escolha das peças já era feita de modo a que supostamente não houvesse qualquer problema de intelecção, aceitação ou consumo do conteúdo específico da representação — e, num nível de baixa complexidade, dedicar atenção à quarta fase será supérfluo. O problema é que nesse nível o próprio produto cultural se torna supérfluo porque... inexistente. Por outro lado, embora garantisse a produção do espetáculo, é difícil dizer que o SESI agia propriamente na área da produção cultural. Ele gerava *produtos*, coisas acabadas e prontas, completamente amarradas e vinculadas a um tipo específico de ideologia, aquela que se pode esperar encontrar numa entidade patronal num país como este. O teatro do SESI não se entregava a aventuras, não partia em busca do desconhecido, não podia dar início a um processo cujo fim não pudesse prever e controlar: não se tratava, para esse teatro, de inventar, mas apenas de reproduzir. E só distorcendo muito as coisas é que se pode dar a isso o nome de ação cultural. Isto não significa que não tenha havido espetáculos de valor patrocinados pelo SESI. Basta lembrar a montagem relativamente recente de *A falecida* (já na luxuosa sala própria do SESI em plena Avenida Paulista) considerada tão poderosa quanto outras tradicionalmente valorizadas — mas as exceções têm a função que já se sabe qual é. E ainda: atuando na produção, o SESI não tinha por objetivo abri-la ao maior número de pessoas (o que é talvez a primeira preocupação da ação cultural hoje), mas apenas fazer o suficiente para permitir a existência de um grupo remunerado que interpreta textos *para outros*. O esquema não poderia ser mais clássico.

Tradicionalmente, aliás, a política cultural neste país na área da produção propriamente dita tem sido a de possibilitá-la apenas a alguns, sempre os mesmos. Regra geral, só os que saem de camadas determinadas da sociedade ou lidam com tipos determinados de produtos culturais são beneficiados pelos favores financiadores do Estado ou da iniciativa privada, como a EMBRAFILME já demonstrou suficientemente. Como disse antes, a ação em certas fases do sistema de produção cultural é dirigida para uma classe ou camada social e não para outra, para um tipo de atividade cultural e não para outro, do mesmo modo como uma entidade ou programa de ação cultural (ou assim dito) trata apenas de uma ou algumas das fases do sistema de produção, mas não de todas, o que impede o processo cultural de completar-se. Para ficar no caso da EMBRAFILME, ela sempre tratou da produção, mas não da distribuição, o que faz com que inúmeros filmes por ela mesma financiados fiquem se deteriorando em suas prateleiras por falta de salas de exibição. Alguém dirá que isso não é função dela. Pode não ser. Mas é função do sistema maior a que ela pertence. A questão é que a ideologia do sistema em vigor é exatamente esta: algumas coisas são feitas e outras não, de modo que o efeito final da ação de um dos elementos do sistema seja impedido sem que isso, claro, impeça o uso político, ideológico, da ação feita isoladamente. Em outras palavras: diante da existência da EMBRAFILME, ninguém poderia dizer que o Estado brasileiro, inclusive durante o mais recente período ditatorial, não permitiu e não ajudou a realização de filmes; mas não interessava a esse mesmo Estado que esses filmes fossem efetivamente exibidos no país, por razões políticas ou econômicas (submissão a interesses estrangeiros, etc.). É assim que se mantém o discurso fragmentante da ideologia, cujo objetivo específico é produzir a neurose absoluta naqueles aos quais se dirige: produzo seus filmes, mas não permito sua exibição, e se permiti-la nada farei quanto a criar as condições para seu real uso através da compreensão de seu significado. Assim, o sistema de produção cultural não se completa nunca. E quando o faz, isso acontece apenas no interior de uma classe ou setor da sociedade, gerando os ambientes rarefeitos conhecidos por todos e que dão aos que nele circulam a sensação de um universo cultural que na realidade jamais conseguirá lançar raízes e desenvolver-se.

No momento em que escrevo este texto, anuncia-se uma nova iniciativa de "ação cultural" via Lei Sarney: o *"ticket cultural"*. Por esse recurso, uma empresa comercial ou industrial encomenda uma quantidade de *tickets* junto à empresa intermediadora e lançadora da ideia e os repassa a seus funcionários, ou a quem mais lhe interessar, os quais por sua vez os trocam por ingressos comuns nas casas de espetáculo conveniadas (cinemas, teatros, *shows*). Ao final de um certo período, a agência intermediadora reembolsa a casa de espetáculos pelos *tickets* recebidos. De seu lado, a empresa compradora dos *tickets* descontará um determinado percentual de suas despesas "culturais" do valor de seu imposto de renda a pagar. Diz o autor da ideia, ex-secretário da Cultura ele próprio, que o *ticket* poderá aumentar em até 30% a frequência das salas, amenizando a existência de cinemas e teatros que fecham cada vez mais por falta de público. E conclui: "O pé furado da cultura brasileira é o consumo". O ex-secretário fala em consumo quando deve estar pensando na troca, naquela fase do sistema de produção cultural em que o destinatário possível do bem tem acesso a ele mediante uma compensação em dinheiro. Se o "*ticket* cultural" estivesse interessado no consumo ou uso, sua preocupação deveria ser outra: tratar de desenvolver um programa de apoio à intelecção, à compreensão ou à recepção do bem cultural de modo a haver uma perfeita ou razoável apropriação do bem pelo seu destinatário, o que se poderia fazer através de debates ao final do espetáculo (como muito se fez em teatro), palestras de caráter técnico ou estético, oficinas de desenvolvimento das propostas apresentadas pelo espetáculo, etc. Se a troca faz parte do processo e do sistema de produção cultural, também ela, como as demais neste sistema sob o qual vivemos, deve merecer a atenção de toda política cultural, de todo programa de ação cultural. O problema é que, como sempre, de pouco ou nada adianta atacar isoladamente as questões apresentadas por uma das fases, deixando de lado a abordagem do sistema como um todo. E haveria ainda, em iniciativas como essa, outro problema a elucidar: é legítimo carrear dinheiro do imposto de renda, isto é, dinheiro público, para subsidiar pessoas que querem ver *Rambo* ou Julio Iglesias ou um renomado músico americano de *jazz*? Em outras palavras, o produtor cultural estrangeiro pode ser subsidiado pelo dinheiro público? E quem vai dizer que tipo de espetáculo pode receber o benefício do *ticket*? Qualquer tipo de cinema, por exemplo, ou só o "cinema de arte"? Dizendo que se vai ajudar o intermediário brasileiro (o distribuidor, o dono da sala) e o público brasileiro desfavorecido, não se estará na verdade financiando o capital estrangeiro aplicado em cultura? São perguntas que ficam sem resposta — embora as respostas sejam evidentes — e que tendem a permanecer assim exatamente porque a questão cultural não é tratada como um todo, mas sim, fragmentadamente, alienadamente, em partes.

Num certo momento da história recente da ação cultural — provavelmente aquele de sua afirmação mais evidente — entendeu-se que a atenção do agente cultural deveria voltar-se de modo privilegiado para a fase do consumo ou uso. Ou, em outras palavras, voltar-se para o consumo para que ele se transforme em uso: "consumo" é termo apropriado para designar aquilo que ocorre numa sociedade alienada onde, por motivos fúteis e exteriores àqueles que assim procedem, coisas são compradas e "utilizadas" de um modo superficial. "Uso" é termo que só se deveria empregar quando o processo por ele coberto implicasse a apropriação plena do bem pelo sujeito, na exploração de todo seu potencial, na integração entre bem e sujeito. Multiplicaram-se então os cursos, as visitas guiadas aos museus, os debates, conferências, palestras e as "oficinas" que ministravam um ensino rápido de algum modo relacionado com a produção cultural que os motivara. Essa tendência não foi injustificada, teve sua razão de ser e seus méritos. Já temos cultura em excesso. Mesmo aqui no Brasil os bens culturais começam a ser demais. Os museus de todo o mundo padecem do "efeito *iceberg*": o que mostram em suas salas já abarrotadas de pinturas e esculturas é apenas uma pequena parte da montanha cultural soterrada em seus porões lotados. Em relação às pinturas e correlatos não conseguimos ainda superar o complexo anal da coleção e tendemos a guardar tudo. No campo do livro, esse trauma infantil já foi em grande medida controlado e, com ele, boa parte do que se produz e é ou não vendida é destruída logo depois, de modo a abrir espaço ao produto "novo". Em todo caso, mesmo no Brasil, embora pareça estranho, temos cultura demais. Como disse, as prateleiras da EMBRAFILME estão cheias de filmes nacionais não exibidos no país ou exibidos tão pouco que ninguém pôde vê-los. Isto significa que poderíamos parar de produzir cultura por dez ou vinte anos e apenas promover uma ação cultural sobre as outras três fases.

Mas como também a ação cultural é movida a utopia, é preciso ter bem claro que, como tudo o mais neste tipo de sociedade, quem controla os meios de produção propriamente ditos controla tudo. Quer dizer: na produção cultural, o vital é romper os monopólios da produção e colocá-la ao alcance efetivo do maior número de pessoas. A isto é que se poderá chamar de "democratização da cultura" propriamente dita. Criemos cem, mil, um milhão de produtores. Esta seria a ação cultural por excelência, em sintonia com tendências radicais na arte detectadas pelo menos desde o início da década de 1960. O teatro de Grotowski, por exemplo, caminhou do espetáculo clássico — plateia de um lado, a cena de outro, com seus atores profissionais — para um tipo de ação cultural-teatral em que os espectadores abandonavam seu papel histórico para transformarem-se em atores de uma experiência estética sem público. Nas artes plásticas, Lygia Clark e Hélio Oiticica no Brasil, desenvolvendo ideias lançadas lá atrás por Duchamps, ofereciam peças nas quais o "espectador" podia penetrar ou que podia modificar, alterando a relação tradicional obra-contemplador. Em literatura, os livros em que o leitor tem um certo poder de influência — pelo menos na escolha da ordem dos capítulos, como em *O jogo da amarelinha*, de Cortázar — já não são nem mais vanguarda. Os caminhos já foram apontados. Resta executar o projeto nas dimensões não mais de uma prática artística, mas da ação cultural. Não se trata de pregar a eliminação do artista profissional e do produto cultural feito por uns e oferecido ao uso ou consumo dos outros. Trata-se de criar o maior número possível de oportunidades para que o maior número possível de interessados conheça a parte essencial da aventura cultural que é a criação, distanciada milhões de anos-luz da experiência passiva da contemplação, da recepção. E fazê-lo não insistindo tanto no produto em si, na necessidade de se chegar a um produto final acabado e delimitado, como aquele que fazem os "profissionais", *mas no processo de produção em si*, livre de compromissos outros que não aqueles que os sujeitos da criação possam assumir entre si (e não com o editor ou o produtor teatral ou o governo ou o partido ou, mesmo, com o público). A ação cultural que não se mover alimentada por esta utopia nunca alçará nem um reles voo rasteiro.

TEATRO, FORMA PRIVILEGIADA DA AÇÃO CULTURAL XI

Embora não pareça muito adequado pretender que uma modalidade cultural seja mais compatível com os objetivos da ação cultural do que outras, não é possível deixar de registrar a evidência de que o teatro recebe, um pouco por toda parte, a preferência dos agentes culturais e daqueles com quem atuam. O Arts Council, da Grã-Bretanha, órgão que trata do desenvolvimento das artes, lista quase duzentos centros de artes espalhados pela Inglaterra, Escócia e País de Gales. Um número superior a 70% deles tem uma galeria de arte — o que não é nada difícil de se fazer: bastam três paredes e algumas divisórias, tinta branca, alguns *spots* e formar a fila dos artistas ou "artistas" loucos para mostrar suas obras.

No entanto, mais de 95% desses centros têm uma sala específica para espetáculos teatrais ou que pode ser usada para esse fim — e, quase sempre, sala com todos os recursos de som e luzes que se possa imaginar, com nível de conforto que vai do razoável ao profissional, digamos assim. Não é inadequado dizer mesmo que a história dos Arts Centers ingleses está vinculada à prática do teatro, e que é impossível entender uma sem compreender a outra. Haverá razões antigas para isso (Shakespeare, etc.), mas a prática do teatro na Inglaterra hoje e, sobretudo, desde o fim da Segunda Guerra Mundial, está muito longe de ser peça de museu.

Também em Cuba as casas de cultura abrem enorme espaço em suas atividades para o Movimento dos Amadores, nome adotado para indicar o movimento de teatro amador. Na França, o Festival de Avignon é tão ou mais famoso que o de Cannes com seu cinema, com a diferença — essencial — de que o de Cannes é para o consumo publicitário das capas de revistas e *flashes* na TV, enquanto que o de Avignon, ou o não menos famoso de Nancy, é para uso real de uma massa de adoradores do palco que vivem uma aventura inédita com as encenações em praças públicas, salas de conventos, palácios e outros locais que ressaltam a dimensão mágica e encantatória do teatro.

No Brasil, o movimento do teatro amador não é nada fraco. Grupos depois famosos saíram de experiências amadoras, como o Oficina, vindo do grupo de teatro da Faculdade de Direito do Largo de São Francisco; o interior do Estado de São Paulo é periodicamente agitado pelos Festivais de onde também não é raro saírem obras ou artistas destacados. Esses festivais, no entanto, vêm se mantendo praticamente por si mesmos. Nos centros de cultura ou nos programas de política cultural oficiais pouco ou nenhum espaço se abre para o teatro. As artes plásticas tendem a receber toda a atenção — o que é no mínimo curioso num país onde elas perderam toda significação social e comunitária desde a década de 1960. Os últimos grandes momentos de destaque das artes plásticas neste país aconteceram com o concretismo e o neoconcretismo e algumas experiências mais atrevidas de *happenings*. De lá para cá, as artes plásticas tornaram-se assunto restrito ao âmbito das galerias comerciais e seu público congelado, com os artistas abandonando toda pretensão de intervenção no panorama sociocultural, ou político-cultural, e resignando-se a aparecer como penduricalhos da *society* das colunas "sociais", dos restaurantes badalados e das festinhas *en privé*. Curiosamente, porém, os cursos de educação artística preferem "formar" educadores "especializados" em artes plásticas, deixando todas as outras artes (e as outras formas culturais) num segundo plano absoluto. Haverá a desculpa econômica: teatro é caro; cinema, muito mais. Mas isso não explica tudo.

O fato é que o teatro, muito mais que o cinema ou o vídeo, esse cinema socializado, reúne em si todos ou a maioria dos elementos vitais à ação cultural, entendida aqui como a criação das oportunidades para o uso dos recursos pessoais em seu potencial mais amplo como modo de expressão e intelecção do mundo. O teatro ainda vive mergulhado no sonho, ou ambição, de ser a ARTE TOTAL por excelência — e tem ampla razão nisso. Tudo pode ser conjugado em cena: dança, música, imagem em movimento ou estática, e também, numa outra esfera, o indivíduo e o grupo, e o indivíduo no grupo. O teatro vive daquilo que é a mola principal e traço distintivo da ação cultural, a interdisciplinaridade, entendida como experiência de integração, de totalização de colaborações variadas que não são unificadas, mas rigorosamente dialetizadas num amálgama onde tudo se transforma e, por exigência intrínseca do processo, se supera. É um trabalho de equipe, quando várias cabeças que tratam cada uma de um setor onde menos ou mais se especializaram, se voltam para o mesmo objetivo, enxergam a mesma meta, se entendem quanto a como chegar lá e lá chegam, executando um projeto inicial definido por todos. Contrariamente ao que acontece no cinema, para fazer teatro cada um de seus atores (tanto os que dizem as réplicas, se existirem, quanto os que cuidam da iluminação: são, genericamente, os teatrores) tem de entender a natureza do meio e, mais, tem de acompanhar o desenvolvimento do todo. É longe de incomum encontrar-se um ator de cinema que nem chega a entender a história de que participa ou, por acaso conhecendo-a, não vê o produto final. No processo do cinema, um ator habitualmente filma de uma só vez todas as sequencias de que participa, não na ordem cronológica da história, mas segundo a ordem econômica da filmagem. Feito isso, ele pode ir embora, se quiser (e vai), enquanto se rodam outras cenas com outros atores, num processo que só assumirá sentido pleno na mesa de edição, semanas ou meses depois. Ou, então, às vezes a cara do ator está "atuando" enquanto o resto de seu corpo permanece alheio ao processo: a câmera seleciona o que quer, despreza o que não lhe interessa, fragmenta o corpo e a mente do ator tanto quanto fragmenta a película impressionada pela luz e a cabeça do espectador. No teatro, o procedimento é o exato oposto: todos seguem tudo, todos se encaixam em tudo, a ausência de uma peça trava a engrenagem estética. O indivíduo como um todo, em total absorção no ato a que se entrega, resolve os problemas com que se enfrenta usando seus recursos pessoais e os grupais do coletivo sem o qual despenca no vazio.

O teatro em si, propriamente, não terá os objetivos da ação cultural, mas a ação cultural encontra no teatro campo fértil para alcançar seus objetivos próprios, porque é exatamente isto que o teatro promove: a consciência do eu (a consciência do equipamento pessoal, dos sentidos humanos, do próprio corpo no espaço, da própria subjetividade, da figura de si como os outros a veem, da própria representação como a mente se oferece); a consciência do coletivo (a noção da existência do outro, a partilha de ideias e bens, a interação relaxada, a convocação das energias comuns para a solução da proposta); a consciência do entorno (consciência das coisas, de uma cadeira, da água, do espaço, da natureza, do artifício, das relações estabelecidas pelas coisas entre si e entre elas e o próprio corpo e os outros corpos). Tudo isso gerando um conjunto capaz de executar tanto o projeto de uma ação cultural individualizante, interessada na conscientização e desenvolvimento da criatividade do indivíduo, quanto o da ação cultural socializante, voltada para seu programa de integração social, suas ideias de reestruturação social, sua utopia de mudanças sociais. E no teatro tanto se pode valorizar os instrumentos em si da ação cultural, como querem uns, quanto a pedagogia pela qual um grupo forma seu repertório de valores e projeta um plano social. E, ainda, permitir às pessoas a aquisição de uma linguagem estética vinculada a esquemas racionais ou de sensibilização capazes de desenvolver cidadãos esclarecidos. Ou, se a posição ideológica for outra, desbloquear as comunidades sociais, restabelecer o calor dos laços humanos, fazer surgir o sentido de comunidade.

Uma única coisa se deveria evitar: usar o teatro (ou qualquer outra arte) para "fazer" ação cultural e esquecer que o teatro, como outra qualquer arte, tem seus próprios objetivos, bem mais amplos e bem menos definidos que os da ação cultural — o que é outro modo de dizer que a ação cultural radical, ou verdadeira, terá um único objetivo maior: ao fim do processo, anular-se como tal, explodir-se num universo de fragmentos cintilantes e fundir cada um deles na arte, na forma cultural que perseguia. Para chegar a isso, o caminho do teatro pode não ser o mais curto. Mas parece o mais completo.

XII
APRESSAR A MUDA DA LAGARTA

Ainda que a maior parte das ações e impressões fique sem resposta — do mesmo modo como, diz Valéry, a maioria das sementes não tem futuro —, a ação cultural espera ativar três esferas da vida do indivíduo e do grupo (aqui só cabe dizer *quais* são; *como* fazer para alcançá-las, se isto não for evidente por si mesmo, será tema de um outro livro, talvez):

1. a imaginação, onde a consciência reflete sobre si mesma, inventa a si mesma, se abre para as possibilidades, libertando-se do ser e do dever ser para aceitar o desafio do poder ser; onde a consciência está à *beira de* muita coisa, sem saber bem o que, gerando imagens imateriais do mundo tal como este existe em sua aparência precária, fugidia e imediata, isenta de normas e coações;

2. a ação, quando o sujeito, ativamente pronto, sem tensão ou distração, penetra no tempo presente e viabiliza aquilo que sua imaginação pré-sentiu, pré-dispôs — ligando-se assim ao processo cultural concreto;

3. a reflexão, que lhe permite fazer a si mesmo uma proposta de continuidade de si próprio, de sua consciência e de sua ação, numa integração com o passado capaz de permitir-lhe o exercício teórico, isto é, a previsão do futuro, a predeterminação do possível. Neste instante, o círculo se fecha e a imaginação é de novo ativada.

Novamente, estas não são esferas específicas da ação cultural, são os universos da arte na qual a ação cultural se enxerta para tomar uma carona invisível com aquela mesma na qual se transformará. A ação cultural é uma lagarta: sua visão só é tolerada quando é possível antecipar a imagem transfigurada e multicolorida que dela vai surgir. Mas, cuidado: se o trabalho de autoparteira demorar muito, vem a vontade incontrolável de esmagar aquele bicho repelente, com tudo que possa abrigar de promissor em seu corpo mutante...

INDICAÇÕES PARA LEITURA

• Francis, Jeanson, *L'Action Culturelle dans la Cité*, Paris, Seuil, 1973.
• J. Pick, *Arts Administration*, Londres, Spon, 1980.
• Luiz Milanesi, *O que é Biblioteca*, São Paulo, Brasiliense, 1983. *Ordenar para desordenar*, São Paulo, Brasiliense, 1986.
• Mário de Andrade, *O Banquete*, São Paulo, Duas Cidades, 1977.
• Owen Kelly, *Community, Art and the State: Storming the Citadels*, Londres, Comedia, 1984.
• Paul Puaux, *Les Établissements Culturels*, Paris, La Documentation Française, 1982.
• Pierre Gaudibert, *Du Culturel au Sacré*, Paris, Casterman, 1981.

- S. Schwartzman, *et alii*, *Tempos de Capanema*, São Paulo, Paz e Terra/EDUSP, 1984
- Sérgio Miceli *et alii*, *Política cultural comparada*, Rio de Janeiro, FUNARTE, 1985.
- Sérgio Miceli (org.), *Estado e Cultura no Brasil*, São Paulo, DIFEL, 1984.
- Teixeira Coelho, *Usos da Cultura* (*Políticas de ação cultural*), São Paulo, Paz e Terra, 1986. *Uma outra cena* (Teatro Radical, Poética da Artevida), São Paulo, Polis, 1983. Arte e Utopia, São Paulo, Brasiliense, 1987.

SOBRE O AUTOR

Teixeira Coelho é professor titular da Universidade de São Paulo (Escola de Comunicações e Artes), onde coordena um Curso de Especialização em Ação Cultural e codirige o Núcleo de Estudos sobre o Imaginário e a Ação Cultural. Colaborador de vários periódicos, é autor, entre outros livros, de *O que é indústria cultural*, *O que é utopia*, *Artaud: Posição da carne*, *Arte e utopia* (todos pela Brasiliense), além de *Uma outra cena* (Polis), *O sonho de Havana* (Max Limonad), *Moderno Pós-Moderno* (L&PM), *Usos da Cultura (Políticas de ação cultural)* (Paz e Terra) e do romance *Fliperama sem creme* (Brasiliense).